JURA

Genusstouren zwischen Genf und Basel

Iris Kürschner

Mit Tourenkarten zum Heraustrennen

BRUCKMANN

Die Autorin
Iris Kürschner, 1965 geboren in der Schweiz, ist seit Kindesbeinen an vom Bergvirus infiziert. Seit über 10 Jahren ist sie als Fotojournalistin für Zeitschriften und Verlage unterwegs. Das Spektrum ihrer Reportagen umfasst neben Länder- und Stadtportraits vor allem Outdoorthemen (Trekking, Radtouren, Bergsteigen, Reiten). Der Jura liegt vor ihrer Haustür.

Ein kostenloses Gesamtverzeichnis erhalten Sie beim
Bruckmann Verlag
D-81664 München

www.bruckmann.de

Lektorat: Kerstin Müller
Layout: Der Buch*macher*, Arthur Lenner, München
Kartografie: Annelie Nau
Herstellung: Thomas Fischer

Alle Angaben dieses Werkes wurden von der Autorin sorgfältig recherchiert und auf den aktuellen Stand gebracht sowie vom Verlag geprüft. Für die Richtigkeit der Angaben kann jedoch keine Haftung übernommen werden. Für Hinweise und Anregungen sind wir jederzeit dankbar. Bitte richten Sie diese an:
Bruckmann Verlag
Lektorat
Innsbrucker Ring 15
D-81673 München
E-Mail: lektorat@bruckmann.de

Titelfoto: Château de Joux über der Enge von Pontarlier
Bildnachweis: Alle Fotos auf dem Umschlag und im Innenteil von Iris Kürschner

Die Deutsche Bibliothek – CIP Einheitsaufnahme
Ein Titeldatensatz für diese Publikation ist bei
der Deutschen Bibliothek erhältlich.

Printed in Italy by Printer Trento
ISBN 3-7654-3910-X

PIKTOGRAMME ERLEICHTERN DEN ÜBERBLICK:

Schwierigkeitsgrad:
- leicht
- mittel
- anspruchsvoll

- Weglänge
- Gehzeit
- Höhenunterschied
- kindgerecht

ZEICHENERKLÄRUNG ZU DEN TOURENKARTEN

- A4 9 — Autobahn
- 40 — Hauptstraße
- Landstraße
- Nebenstraße/Ortsstraße
- Fahrwege
- Forstweg
- Fußpfad
- Bahnlinie mit Bahnhof
- A E — Tourenführung mit Anfangs- und Endpunkt
- Tourenvariante
- Omans — Sehenswerter Ort/Stadt
- Gipfel
- Pass
- Quelle/Wasserfall
- P — Parkmöglichkeit
- H — Bushaltestelle
- Bahnhof
- E A — Anfangs-/Endpunkt
- Richtungspfeil
- 10 — Touren-Nr.
- Seilbahn
- Gondelbahn
- Fernwanderweg

- Aussicht
- Einkehr/Hütte
- Kirche/Kloster
- Turm
- Museum
- Therme
- Denkmal
- Schloss/Burg/Ruine
- Höhle/Grotte
- Prähistorische Fundstelle
- Strand
- Camping
- Rastplatz
- Information
- Bildstock
- Markanter Baum
- Landschaftlicher Höhepunkt/Sehenswert
- Mühle
- Flughafen
- Tunnel
- Randhinweispfeil
- N 0 1 km — Maßstableiste (1 : 100 000)

INHALT

FRANKREICH

Einführung

Aussichtsreiche Höhen prägen das Wandern im Jura.

Von steilen Kreten, Höllenschluchten und Felsenkesseln

Der Jura wird oft verkannt. Die gütigen Blicke der Alpinisten, wenn man erzählt, man wolle im Jura wandern. Von wegen langweilig, nur weil ihm die imposanten Höhen fehlen! Von steilen Kreten, Höllenschluchten und Felsenkesseln soll hier die Rede sein. Denn das, was auf den ersten Blick so lieblich und wenig aufregend erscheinen mag, entpuppt sich bei näherem Hinsehen als ganz spannendes Gebirge: Tiefe Schluchten mit dschungelartiger Vegetation zwischen weiten Hochplateaus, im Frühling mit einem Teppich weißer Narzissen überzogen. Faszinierende Grotten, oft mit Lichteffekten in eine atemberaubende Szene gesetzt. Donnernde Wasserfälle und sprühende Kaskaden über moosige Gesteinsformationen. Quellenspeiende Felsen und Steilabbrüche mit schwindelnden Tiefblicken in Felsenkessel, die wie ausgesägt erscheinen. Langgezogene Kämme mit unübertroffener Sicht auf die ganze Alpenkette. Schlösser und Burgen auf bizarren Kalkriffen und zwischen Weinhängen. Immer wieder charmante Kleinstädte, üppig grüne Landschaft, gewundene Flüsse, malerische Seen. Dazu eine große kulinarische Tradition mit viel Käse, Wurst und Wein. Eigentlich gut, dass der Jura sein unspektakuläres Image nicht so recht los bekommt, denn dann bleibt er vor allem eines – einsam. Da kann man tagelang auf Routen unterwegs sein, ohne eine Menschenseele zu treffen, auch an Wochenenden tritt man sich kaum auf die Füße und noch bei den Highlights hält sich der Besucherstrom in angenehmen Grenzen.

Die weiten Nadel- und Laubwälder, die unzähligen Bergseen, die spärliche Besiedelung – gerne wird der Jura mit Kanada im

Kleinformat verglichen. Man muss gar nicht weit reisen. Naturschönheiten und Abenteuer lagen schon immer vor der Haustür und müssen nur entdeckt werden.
Als großer Bogen erstreckt sich der Jura vom Randen bei Schaffhausen über das Rheinknie von Basel bis hinter die Rhoneklus, wo er bei Chambéry von den Alpen abgelöst wird. Seine Länge am Schweizer Innenrand zählt 350 Kilometer, am französischen Außenrand rund 420 Kilometer, seine größte Breite erreicht er mit etwa 70 Kilometern zwischen Besançon und dem Neuenburger See. Der Jura ist ein junges Faltengebirge, entstanden im Pliozän. Während der letzten Phase der Alpenbildung wurde der Molassetrog des Mittellandes nach Norden gedrückt; dadurch wurden die drunterliegenden mesozoischen Gesteine aufgefaltet, die heute das Juragebirge bilden. Am stärksten fand die Faltung am Innenrand statt, wo sich die höchsten Kreten als Kettenjura von den Lägern bei Baden bis zur Rhoneklus ziehen. Der nordwestliche Jura erfuhr eine schwächere Faltung. Durch Erosion wurde das Relief noch weiter abgetragen, so dass weite Hochebenen, der so genannte Plateaujura, entstanden. Schön lässt sich das vom Pic de l'Aigle (Tour 29) überblicken. Von den Ebenen der Bresse und Saône ausgehend steigen die Plateaus ganz allmählich in Stufen von Westen zu den hohen Ketten im Osten. Der Norden blieb ungefaltet und erstreckt sich als mit zahlreichen Brüchen durchsetzter Tafeljura von der Burgundischen Pforte bei Belfort bis zum Hochrhein.

Die Beschilderung der Wanderwege ist vor allem im Schweizer Jura hervorragend.

Viele Grenzen durchziehen das Gebirge: Landes-, Kantons- und Départementsgrenzen. Der westliche und größte Teil des Jura fällt auf Frankreich und seine Region Franche-Comté. Dort teilen sich zwei (Doubs, Jura) der insgesamt vier Départements die jurassischen Höhen und Täler. Der südlichste Zipfel fällt auf das

Begriffe, die immer wieder auftauchen

Cluse: Klus, Nord-Süd-Durchbruchstal, meist felsig-finster im Gegensatz zu den offenen Längstälern.
Combe: Meist ein durch Erosion entstandenes Hochtälchen, kann aber auch eine Halbklus sein wie die Combe Grède.
Cirque: Felsenkessel, typisches Phänomen im Talschluss von kurzen Kerbtälern so genannter Reculées.
Gorges: Schlucht, im Französischen in der Mehrzahl, da der Fluss durch mehrere Engpässe fließt.

Département Ain der Region Rhône-Alpes. Der nördliche und östliche Anteil liegt auf Schweizer Staatsgebiet und ist in die Kantone Schaffhausen, Aargau, Baselland, Jura, Solothurn, Bern, Neuchâtel, Waadt und Genf aufgeteilt.

Das Wort »Jura« ist lateinischen Ursprungs und bedeutet »Wald«. Durch die Besiedlung der Menschen hat sich der Wald zwar etwas gelichtet, zählt aber nach wie vor zu einem der größten Waldgebiete Europas. Obwohl der Jura relativ reich an Niederschlag ist, zeigt er sich in einigen Gebieten sehr wasserarm. Das Wasser versickert im stark zerklüfteten Kalkgestein, sammelt sich in Hohlräumen und Grotten und sucht sich seinen Weg unterirdisch, um in Karstquellen als Bach oder Fluss wieder hervorzutreten. Manche verschwinden kurz danach auch schon wieder, treten irgendwo erneut als Quelle hervor, die man dann »resurgence« (Wiedererscheinen) nennt.

Der Jura ist ein Paradies für Käseliebhaber.

Küche und Keller

Jede Menge Flüsse durchziehen den Jura, und so stehen vielerorts frische Forellen auf der Speisekarte. Unter den zahlreichen Wurstspezialitäten sind die Morteau-Wurst, die Montbéliard-Wurst und der Räucherschicken aus der oberen Doubs-Region begehrt. Mit Waldpilzen (Morcheln, Eierschwämme, Steinpilze) werden gerne die Soßen verfeinert. Je nach Saison wird Wild angeboten. Häufig wird mit Wein abgeschmeckt: truite, sandre oder coq au vin jaune. Der gelbe Wein gibt den Gerichten einen ganz speziellen Gôut. Bei allen Köstlichkeiten, an wichtigster Stelle steht immer noch der Käse: Der Chaux-d'Abel, ein Käse aus den Freibergen, der mit Kartoffeln genossen wird, der würzige Tête de Moine (Mönchskopf) aus dem Gebiet um Bellelay, den man mit einer Girolle zu Käsekringeln schabt, die ganz weich auf der Zunge zergehen, der cremige Vacherin Mont d'Or, der Comté (ergibt ein sehr leckeres Fondue), verschiedene Schimmelkäse (z. B. der Bleu de Gex), der Morbier mit seiner dünnen Ascheschicht quer durch den Leib. Jeder hat seinen eigenen, vollendeten Geschmack.

Das Weinanbaugebiet im Jura zeichnet sich durch eine große Vielfalt an Weinspezialitäten aus.

Das verhältnismäßig kleine Weinanbaugebiet des Jura (zwischen Lons-le-Saunier und Arbois an den Westhängen der Juraberge, sowie an den Sonnenhängen zum Schweizer Mittelland) zeich-

Special

Kleines Weinlexikon

acide: stark säurehaltig
l'arôme: Geruch, Aroma
Appellation d'Origine Controlée (A.O.C.): Qualitätsweine mit Herkunftsprädikat
le bouchon: Korken
bouchonné: korkig
le bouquet: Geschmack
brut: sehr trocken, herb
la cave: Weinkeller
le cépage: Rebsorte
chambré: temperiert
corsé: schwer, körperreich
la dégustation: Weinprobe
le domaine: Weingut
exceptionell: außerordentlich gut
fruité: fruchtig
élevé en fûts de chêne: im Eichenfass gereift
le millésime: Jahrgang
la mise en bouteille: Abfüllung
le raisin: Traube
sec, sèche: trocken
tannique: tanninhaltig
les vendanges: Weinlese
le vigneron: Winzer
le vignoble: Weinberg

net sich durch eine große Vielfalt von Weinspezialitäten aus. Die bekanntesten Juraweine sind Arbois, Château-Chalon, Étoile und Côtes du Jura. Der Vin jaune ist der typischste Wein der Region und der ganze Stolz von Château-Chalon und Arbois. Im hochprozentigen Bereich wird guter Marc (Tresterbranntwein) gebrannt, das Kirschwasser aus dem Loue-Tal ist berühmt, auch der Anisschnaps von Pontarlier, der Enzian (Gentiane) und der Tannenlikör aus dem Hochjura. Mit hochwertigem Sekt hat sich der Jura ebenfalls einen Namen gemacht: Cremant du Jura und die Mauler-Schaumweine aus Môtiers (Tour 15) stehen da an vorderster Stelle.

Reise-Top-Ten

1. Creux du Van: Der gigantischste Felsenzirkus der Schweiz (→Tour 13).
2. Poetta Raisse und der Chasseron: Eine wildromantische Schlucht und eine Panoramaloge (→Tour 15).
3. Ermitage Schloss Birseck: Ein verträumter Englischer Garten (→Tour 1).
4. Echelles de la Mort: Verwegene Schmugglerpfade am Doubs (→Tour 18).
5. Cirque de Consolation: Ein verwunschener Märchenwald (→Tour 19).
6. Grotte d'Oselle : Ein faszinierendes Tropfsteinspektakel (→Tour 20).
7. Château de Germigney: Traumschlösschen zum Wohnen (→Tour 25).
8. Cirque de Baume: Der schönste Felsenzirkus im Französischen Jura (→Tour 28).
9. Fünf-Seen-Tour: Seen soweit das Auge reicht (→Tour 29).
10. Reculet: Im Banne der Alpenkette (→Tour 34).

Sehenswürdigkeiten im Französischen Jura

▶ ARBOIS

(Höhe: 296 m) Wanderung: 26

Wer dem Rebensaft zugetan ist, lässt die Weinstraße und Arbois, das malerische Weinstädtchen am Rande der westlichen Juraplateaus, niemals aus. Im Châtau Pécaud befindet sich neben einem Jurawein-Institut auch das Musée du Vin et de la Vigne (März bis Juni, Sept./Okt. tgl. außer Di 10–12, 14–18 Uhr, Juli/Aug. 10–12.30, 14–18 Uhr, Nov. bis Febr. 14–18 Uhr, Tel. 03/84 66 40 45). Hier ist Gelegenheit, seinen Gaumen mit besonderen Tropfen zu umschmeicheln. Wie schmeckt ein Macvin, der 18 Monate gereifte Likörwein aus Most und Marc du Jura? Wie ein Vin de Paille? Der Vin jaune ist das Gold des Jura. Seine Grundlage die Savagnin-Rebe. Mindestens sechs Jahre muss er lagern, um solch eine Bernsteinfarbe und das kräftige Bouquet entfalten zu können. Einheimische lassen sich frische Walnüsse und den würzigen Comtékäse dazu servieren. Auch Louis Pasteur liebte ihn über alles, der größte Wissenschaftler aller Zeiten, der hier in Arbois die Pasteurisierung entwickelte, und so, gottlob, den Wein vor dem Verderb rettete. Sein Elternhaus in der Rue de Corcelles 38 ist als Museum eingerichtet. Die Maison de Pasteur (tgl. April – Mitte Okt., Besichtigung nur mit Führung, Tel. 03/84 66 11 72) zeigt die originale Inneneinrichtung und sein Labor, in dem er der alkoholischen Gärung auf die Schliche kam. Bei einem Bummel durch die engen Gässchen am Fluss Cuisance spürt man reizende Nischen, alte Mühlen, Gärten und Höfe auf. Eine besonders lauschige Sitzecke findet sich an der alten Bogenbrücke bei der Tour

Wahrzeichen von Arbois ist der 60 m hohe Turm der Kirche St.Just.

Courelle. Wahrzeichen von Arbois ist der markante, weithin sichtbare Turm (16. Jh.) der ehemaligen Prioratskirche St-Just (12./13. Jh.). Mit seinen 60 Metern ist er einer der größten Comtoiser Glockentürme, deren geschwungene Haube mit Mustern aus buntlasierten Biberschwänzen so charakteristisch ist. Restaurant-Empfehlung: La Balance, rue de Courcelles 34, Tel. 03/84 37 45 00.

▶ BAUME-LES-MESSIEURS

Höhe: 304 m Wanderung: 28

Baume-les-Messieurs zählt wegen seiner einmaligen Lage und der alten Abtei zu den schönsten Sehenswürdigkeiten Frankreichs. Das Benediktinerkloster wurde im 6. Jh. von dem irischen Mönch Columban gegründet. Im Jahre 910 riefen die zwölf Ordensbrüder von Baume die berühmte Abtei Cluny ins Leben. Im 16. Jh. verfiel die Klostermoral und wurde durch die ausschweifende Lebensform adeliger Stiftsherren ersetzt.
Diese »Messieurs« änderten auch den ursprünglichen Namen Baume-les-Moines, wohl um sich unvergesslich zu machen. Im 17. Jh. wurde Jean de Watteville zum Abt ernannt, eine schillernde Persönlichkeit, der als Haudegen, Kapuziner, Kartäusermönch und türkischer Pascha von sich reden machte. Die Legende berichtet, dass auf seinen Befehl die halsbrecherischen Stufen der Echelles de Crancot in den senkrechten Fels gehauen wurden und er, wenn ihm die Laune danach war, die Mönche hinauf- und hinunterjagte. Das alte Gemäuer bezaubert vor allem

Das Bilderbuchdorf Baume-les-Messieurs

durch sein kompaktes Gesamtensemble. Bemerkenswert das Hauptportal und der Chor (13. Jh.) mit bemaltem flämischen Flügelaltar (16. Jh.). Das Grab von Jean de Watteville befindet sich im linken Seitenschiff. Im ersten Hof der Abtei ist ein kleines Museum mit Schmiede und Küferei eingerichtet: Musée de l'Artisanat, Juli bis Mitte Sept. Kirche tgl. geöffnet von Ostern bis Allerheiligen. Führungen tgl. Juli/Aug.

▶ BESANÇON

Höhe: 272 m — Wanderung: 20

Besançon, die Hauptstadt der Franche-Comté, war schon zu Römerzeiten als »Vesontium« eine bedeutende Stadt. Bereits um das Jahr 180 wurde die Galliersiedlung von den Heiligen Ferréol und Ferjeux christianisiert. Dann kam die neue Religion, und der Ort wurde zum Bollwerk des Katholizismus, was die vielen Kirchen und Klöster erklärt. Nach der Eroberung der Franche-Comté wird Besançon durch Ludwig XIV. 1677 zur Hauptstadt ernannt, von Vauban zur Festung ausgebaut und erhielt ihr bis heute intaktes, kompaktes Stadtbild. Ihre große Universität macht sie zu einer sehr lebendigen, jungen Stadt mit vielen Bars, Cafés und illustren Treffpunkten. Die wichtigsten Museen: Zitadelle mit Comtoiser Heimatmuseum, Museum der Naturgeschichte sowie dem Museum der Zwangsverschleppung und der Résistance, tgl. Juli/Aug. 9–19 Uhr, Ostern–Sept. 9–18 Uhr, Winter 10–17 Uhr, Tel. 03/81 87 83 33, www.citadelle.com

Die Grande Rue ist Einkaufs- und Flaniermeile durch das Herz von Besançon.

Musée des Beaux Arts, Place de la Révolution, 9.30–12, 14–18 Uhr, Di geschl., Tel. 03/81 82 39 92.

Palais Granvelle, Musée du Temps, zur Zeit im Umbau; neu: zeitgeschichtliches Museum, Tel. 03/81 81 45 14.

CHÂTEAU DE JOUX

Wanderung: 23

Das Château de Joux sichert seit dem 11. Jh. die strategisch wichtige Enge von Pontalier. Die mächtige Burg wurde Ende des 17. Jh. durch Vauban weiter ausgebaut. Von da an diente sie bis 1815 als Staatsgefängnis. Neben vielen politischen Gefangen saßen auch berühmte Persönlichkeiten wie Mirabeau, einer der Vordenker der Revolution, ein. Zu Zeiten Napoleons war Haitis Freiheitsheld Toussaint Louverture hier inhaftiert. Einige Wochen verbrachte auch Heinrich von Kleist in Haft. Er war in Berlin der Spionage bezichtigt worden. Im Kerker von Joux schrieb er eine seiner schönsten Novellen: »Die Verlobung in Santo Domingo«.

Das Château de Joux zählt zu den beliebtesten Sehenswürdigkeiten des französischen Jura.

Sehr lohnenswert ist eine Besichtigung der Festungsanlage. In Sommernächten wird sie mit Fackelschein in Szene gesetzt, außerdem findet von Mitte Juli bis Mitte August das Festival des Nuits de Joux, ein Theater- und Musikfestival, statt. Führungen Juli/Aug. tgl. 9–18 Uhr, Tel. 03/81 46 48 33, Internet www.chateau-joux.com

MOUTHIER-HAUTE-PIERRE

Höhe: 420 m

Wanderung: 22

Mouthier-Haute-Pierre liegt im oberen Louetal, reizvoll umrahmt von den sich öffnenden Felsen der Noailles-Schlucht. An das Benediktinerkloster (lat. monasterium), das hier 870 stand, erinnert nur noch der Name. Alte Comtoiser Steinhäuser schmiegen sich zu einem sehenswerten Ort zusammen. Bemerkenswert in der Dorfkirche (15 Jh.) sind der Schnitzaltar, die Kanzel und das Chorgestühl. Die Umgebung gilt als der Obstgarten der Loue. Unzählige Kirschbäume verzaubern das Tal besonders zur

Kirschblüte. Aus den schmackhaften Früchtchen wird ein wegen seines Aromas besonders geschätztes Kirschwasser destilliert, der »Kirsch de la Marsotte«. Auf der Weiterfahrt durch das Louetal nach Ornans sind auch die hübschen Dörfchen Lods und Vuillafans einen Bummel wert. In letzterem ist die alte Bogenbrücke ein beliebtes Fotomotiv. In Montgesoye lohnt ein mit dem Auto erreichbares, drei Kilomete entferntes Belvedere.

▶ ORNANS

Höhe: 257 m — Wanderung: 21

Ornans ist ein malerisches Kleinstädtchen und Zentrum des Loue-Tals. In dem kompakten Gassenensemble finden sich stattliche Bürgerhäuser und kleine Adelssitze aus dem 15.–18. Jh., darunter auch das ehemalige Hôtel Hébert (18. Jh.), Geburtshaus von Gustave Courbet, in dem heute ein Museum für den berühmten Maler eingerichtet ist. Das Besondere ist, dass hier keine Reproduktionen, sondern Originalgemälde ausgestellt sind. Musée Courbet, geöffnet tgl. 10–12, 14–18 Uhr, Tel. 03/81 62 23 30. Gustave Courbet, Sohn eines Winzers, hatte seine Kunst autodidaktisch erworben. Seine Landschaftsbilder, die die ursprüngliche Natur der Franche-Comté einfingen, lösten sowohl Stürme des Lobs wie der Kritik aus. Er verstand sich rundum als Revolutionär und 1871 schloss er sich dem Aufstand der Pariser Commune an. Angeklagt als Mitverantwortlicher bei der Zerstörung der Vendôme-Säule, wurde er zu sechs Monaten Gefängnis sowie enormen Schadensersatz verurteilt. Er flüchtete ins Schweizer Exil und starb dort 1877 in La Tour-de-Pelz bei Vevey. Seit 1919 ruht er auf dem Friedhof von Ornans.

Das Städtchen Ornans an der Loue nennt sich gerne auch das »Venedig« des Jura.

PAYS DE GEX

Wanderung: 32

Das Pays de Gex erstreckt sich von Bellegarde-sur-Valserine bis Divonne-les-Bains aus der Genfersee-Ebene über die höchste Jurakette bis ins Tal der Valserine. Die kleine Region ist seit 1815 zollfreie Zone (zone franche). Diese Besonderheit geht auf den Wiener Kongress zurück, bei dem man die Neuordnung Europas beschließt. Genf wurde damals der Schweiz zugeteilt, das Pays de Gex durften die Franzosen behalten. Da Genf das Hinterland fehlte, handelten seine Vertreter mit Frankreich ein Abkommen aus, wenigstens das wirtschaftliche Recht auf ihr Hinterland behalten zu dürfen. Fortan durften Waren zollfrei aus dem Nachbargebiet importiert werden.

PONTARLIER

Höhe: 821 m — Wanderung: 23

Pontarlier am Doubs nahe der Schweizer Grenze gelegen, ist die größte Stadt des Hochjura. Vor dem Verbot des hochprozentigen Absinth 1915 war der Ort Zentrum seiner Produktion. Seit 2001 ist das Wermutdestillat die »grüne Fee« wieder erlaubt, darf jedoch nicht die 45-Prozent-Grenze überschreiten. Die führende und traditionellste (seit 1890) Destillerie ist Pierre Guy. Sie produziert vor allem auch hochwertigen Anisschnaps ohne künstliche Aromen oder Farbstoffe. Die Brennerei Guy (an der D 47 Richtung Les Allies) kann besichtigt werden: Di–Sa 8–12, 14–18 Uhr, mit Fabrikverkauf.

RÉGION DES LACS DU JURA

Wanderung : 29

Als Région des Lacs du Jura bezeichnet man die Seenplatte zwischen Champagnole, Clairvaux-les-Lacs und Saint-Laurant-en-Grandvaux. Eine liebliche Gegend voller Seen, die besonders bei Badewetter ihren besonderen Reiz hat. Der größte ist der Lac de Chalain (232 ha) bei Doucier, der mit idyllischen Badebuchten (auch FKK) bezaubert, aber auch sehenswerte neolithische Pfahlbauten an seinem Westufer aufzuweisen hat.

Sehenswürdigkeiten im Schweizer Jura

▶ BALSTHAL

Höhe: 489 m — Wanderung: 4

Balsthal am Nordportal der Oensinger Klus ist Kreuzungspunkt der wichtigen Passstraßen über den Passwang und den Oberen Hauenstein. Letztere wurde von den Römern gebaut als direkte Verbindung vom Aaretal nach Augusta Raurica, dem heutigen Augst bei Basel. Von den Burgen Alt und Neu Falkenstein wurden diese Straßen unter Kontrolle gehalten. Heute ist Neu Falkenstein eine romantische Ruine, die zum Herumkraxeln reizt und wunderbare Ausblicke gewährt. Alt Falkenstein beherbergt ein Heimatmuseum.

Die stattliche Pfarrkirche von Balsthal

▶ BIEL

Höhe: 437 m — Wanderung: 10

Biel ist durch die Expo 2002 etwas mehr in den Mittelpunkt der Öffentlichkeit getreten, profitiert von der direkten Lage am Nordostufer des Bielersees. Eine hübsche Uferpromenade mit zwei Seebädern lädt zum Bummeln und Baden ein. Auch die winzige, charmante Altstadt mit gotischer Stadtkirche (15. Jh.), ehrwürdigen Zunfthäusern und blumengeschmückten Brunnen verdient eine Besichtigung, besonders zu Markttagen (Di/Do/Sa) auf dem Burgplatz.

▶ DORNACH

Höhe: 294 m — Wanderung: 1

Was da auf einem Hügel mitten in Dornach alle Augen auf sich lenkt, ist nichts anderes als das berühmte Goetheanum, kreatives Wirkungszentrum der Anthroposophischen Gesellschaft und seit

Ende der 90er Jahre unter Denkmalschutz gestellt. Beeindruckendes ist hier nach den Plänen Rudolf Steiners von Hermann Ranzenberger 1928–29 gebaut worden. Was von weitem anmutet wie ein massiger Betonklotz, ist aus der Nähe betrachtet ein spannend gestaltetes Gebäude ohne den üblichen rechten Winkel. Täglich (14 Uhr) findet eine Führung durch die imposanten Räumlichkeiten statt. Auch die umliegende Parklandschaft mit weiteren Steiner-Gebäuden ist keine gewöhnliche Anlage und lädt zu einem staunenden Bummel ein (Infos: Tel. 061/706 42 42, E-Mail: sekretariat@goetheanum.ch).

DOUBS

Wanderungen: 6,7,14,18 und 20

Die ehemalige Mühle von Le Theusseret am Doubs ist heute ein beliebtes Ausflugsrestaurant.

Der Doubs ist ein ungewöhnlicher Fluss und macht seinem Namen (lat. Dubius, der Unentschlossene) alle Ehre. Quelle und Mündung liegen in Luftlinie nur 86 Kilometer voneinander getrennt, doch misst sein Lauf ganze 430 Kilometer. In verwirrenden Schleifen durchschneidet er den Jurakalk und trennt als Grenzfluss die Schweiz von Frankreich. Auf Schweizer Seite steht er unter Landschaftsschutz: »...Über große Strecken unveränderte Naturufer mit Inseln und Mäandern. Sumpfwiesen, Schluchtwälder und Felsfluren mit bemerkenswerter Flora«.

FREIBERGE

Höhe: durchschnittl. 1000 m — Wanderungen: 7 und 8

Das Plateau der Freiberge (Franches-Montagnes) ist eine weite Kalkhochfläche von rund 200 qkm. Einst vorhandene Bergketten und Täler hat die Erosion im Laufe der Jahrhunderte abgetragen und aufgefüllt. In karger Schönheit dehnen sich weite sattgrüne Weiden aus, locker durchsetzt von Tannenwäldern. Erst 1384 begann die Besiedlung, verursacht durch Imier von Ramstein, dem

Bischof von Basel. Dieser erklärte in seinem Freibrief jeden zum freien Menschen, der sich hier niederlasse und erließ ihm die Abgabe jeglicher Zinsen und Zehnten. So kam die Region zu ihrem Namen. Der Ruhm der Freiberge ist die Pferdezucht. Dokumente im Kloster St-Ursanne belegen, dass schon im 16. und 17. Jh. gezüchtet wurde: eine Kaltblutrasse als Arbeits- und Freizeittier, trittsicher, genügsam und gutartig. Größter Abnehmer ist die Schweizer Armee, wichtigstes Zuchtgestüt die staatliche Zuchtanstalt von Bellelay. Sogar zwei Pferdealtersheime gibt es. Eines ist das Maison Rouge in Les Bois, das andere befindet sich im Weiler Le Roselet an der Straße von Saignelégier nach St-Imier. Auch vor der Schlachtbank gerettete Fohlen, Ponies und Esel werden hier aufgezogen. Das Gelände ist täglich für Besucher frei zugänglich. Infos: Tel. 032/959 18 90.

▶ LE LOCLE

Höhe: 925 m — Wanderung: 14

In Le Locle hat die Uhrenindustrie, für die die Schweiz so berühmt ist, ihren Anfang genommen, als nämlich der Tüftler Daniel Jean Richard 1705 hinter das Geheimnis einer englischen Taschenuhr kam. Heute ruht er versteinert auf dem Hauptplatz. In einem barocken Herrensitz, dem Château des Monts oberhalb von Le Locle, ist ein reizvolles Uhrenmuseum untergebracht:

Kurios: Die unterirdischen Mühlen von Le Locle

Musée de l`Horlogerie: Mai–Okt. 10–12, 13.30–17.30 Uhr, Mitte Juni bis Mitte Sept. durchgehend, Mo geschl., Tel. 032/931 16 80. Es ergänzt das acht Kilometer entfernte Musée Internationale d'Horlogerie in La Chaux-de-Fonds: Sept. – Juni 10–17 Uhr, sonst 10–12, 14–17 Uhr, Mo geschl., Tel. 032/967 68 61.
Das Kurioseste von Le Locle allerdings versteckt sich am Col des Roches: die unterirdischen Mühlen. Seit dem 16. Jh. wurde die Kraft des unterirdischen Flusses Bied genutzt, indem man im Bergesinneren Mühlräder anlegte, die rund 200 Jahre lang Mehl, Hanf und Flachs verarbeiteten. Dann gerieten die Mühlen in Vergessenheit, als ab 1896 das Wasser für das neue Elektrizitätswerk gebraucht wurde. Heute können diese skurrilen Höhlen besichtigt werden. Dazu gehört auch ein Museum: Mai – Okt 10–17.30 Uhr, Nov. – April 14–17 Uhr, Mo geschl., Tel. 032/931 89 89.

▶ MÔTIERS

Höhe: 737 m — Wanderung: 15

Môtiers: ein reizender Ort im Herzen des Val de Travers. Der stattlichen Kirche (15. Jh.) folgt südlich das ehemalige Priorat Saint-Pierre. Im 10. Jh. hatten Benediktinermönche der französischen Abtei Cluny das herrschaftliche Kloster gegründet und sich mit der Herstellung hochwertiger Weine einen Namen gemacht. Das damals so geschätzte Verfahren wurde von der Familie Mauler übernommen, als die Ordensbrüder während der Reformation nach Frankreich zurückkehrten. Sehr lohnend ist eine Führung durch den alten Weinkeller mit anschließender Degustation. Die Schaumweine, die dem Champagner nach Methode und Weinsorte entsprechen, sind schlichtweg köstlich. Auch ein nettes Mitbringsel! Zum Bestellen der Schaumweine: Mauler & Cie SA, Le Prieuré St-Pierre, CH-2112 Môtiers/Neuchâtel. Voranmeldung für eine Führung Tel. 032/861 39 61; Weinprobe tgl. ohne Voranmeldung 10–12, 15–18 Uhr, Internet www.mauler.ch
Des weiteren gibt es in der Grande Rue ein kleines Rousseau-Museum im ehemaligen Wohnhaus des Genfer Gelehrten. Gleich daneben zeigt das Regionalmuseum rekonstruierte frühere Handwerksbetriebe, darunter auch eine Absinthbrennerei. Beide geöffnet Mai–Mitte Okt. 14–17 Uhr, Mo/Mi/Fr geschl., Tel. 032/861 35 51.

NEUCHÂTEL

Höhe: 435 m — Wanderungen: 11,12 und 13

Neuchâtel, die Hauptstadt des gleichnamigen Kantons, liegt am größten Binnensee der Schweiz, zwischen ausgedehnten Weinbergen, den Jurahöhenzug Chaumont im Rücken. Man gibt sich ganz französisch, behauptet gar das reinste Französisch der Romandie zu sprechen. Daher haben sich hier so viele Sprachschulen angesiedelt. Lohnend ist ein Bummel durch die Altstadt. Die wichtigsten Museen: Centre Dürrenmatt (Bus 9, Halt Ermitage), Mi – So 11–17, Do 11–19 Uhr, Tel. 032/720 20 60. Musée d'Art et d'Histoire (nahe Bahnhof), Di – So 10–18 Uhr, Tel. 032/717 79 20.

SAIGNELÉGIER

Höhe: 978 m — Wanderung: 7

Saignelégier ist Hauptort der Freiberge. Erstmals wird er 1382 erwähnt. Erwähnenswert neben der katholischen Kirche mit ihrem Hochaltar ist die Präfektur mit dem massigen Walmdach an der Hauptstraße, die heute die Bezirksverwaltung beherbergt. Sie wurde Anfang des 17. Jh. vom Fürstbischof von Basel erbaut und diente dem Landvogt als Wohnung. Angebaut ist ein Gefängnisturm aus dem 16. Jh. Das typische Jura-Bauernhaus Café du Soleil neben der großen Markthalle des Marché-Concours ist Künstler- und Kulturtreff. Regelmäßig finden Ausstellungen, Konzerte und Literaturveranstaltungen statt. Über den Jura hinaus bekannt ist es vor allem durch seine zeitgenössischen Jazzkonzerte. Die Küche ist bekannt für ihre vegetarischen Gerichte. Jährliches High-

Die stets offene Selbstversorgerunterkunft am Aussichtspunkt Sommêtres bei Saignelégier

light ist der 1897 gegründete nationale Pferdemarkt (Marché-Concours), die größte Veranstaltung des Schweizer Jura. Unzählige pilgern am zweiten Augustwochenende nach Saignelégier. Samstags wird die Elite der Freiberger Rasse klassifiziert und die schönsten Hengste vorgeführt. Sonntags finden die traditionnellen Pferderennen statt. Höhepunkt ist das römische Wagenrennen. Neben Pferdezucht und Uhrenindustrie ist auch die Holzverarbeitung eine wichtige Erwerbsquelle. Einem Sägewerk verdankt der nahegelegene Etang de la Gruère seine Entstehung. Das heute unter Naturschutz stehende Hochmoor zählt zu einem der schönsten Feuchtbiotope des Jura und lässt sich auf einem Lehrpfad erkunden.

▶ STE-CROIX

Höhe: 1086 m — Wanderung: 15

Ste-Croix, Ferienort am Sonnenbalkon südlich des Chasseron. Im 19. Jh. teilte Ste-Croix sich mit Genf den Titel Hauptstadt der Musikdose. Die um die Jahrhundertwende hier gefertigten Spielautomaten wurden vor allem von den Reichen und Schönen in aller Welt geschätzt. Zwei Museen widmen sich heute der Traumwelt mechanischer Musik: CIMA (Centre international de la mécanique d'art), rue de l'Industrie 2, Di–So 13.30–18 Uhr, Juni–Aug. tgl. 11–18 Uhr, Tel. 024/454 44 77. Im Musée Baud im Vorort L'Auberson zeigt die Familie Baud ihre über drei Generationen zusammengetragene Privatsammlung. Sa 14–17 Uhr, So 10–12, 14–18 Uhr, Juli–Sept. tgl. 14–17 Uhr, Tel. 024/454 24 84.

▶ ST-URSANNE

Höhe: 438 m — Wanderung: 6 und 7

St-Ursanne am Doubs

Blick vom Dent du Vaulion auf das Städtchen Vallorbe

St-Ursanne geht nach der Legende auf eine vom Hl. Ursicinus gegründete Einsiedelei zurück. Das anziehende, mittelalterliche Städtchen am Doubs wird überragt von den Türmen der Abteikirche (13./14. Jh). Figuren des Hl. Ursicinus schmücken das romanische Rundbogentor (12. Jh.). Nördlich schließt das Kloster an, mit Kreuzgang und sehenswertem Lapidarium (einmaliger Bestand an merowingischen und karolingischen Sarkophagen). Über steile Stufen erreicht man die Einsiedelei, die verwunschen im Fels über dem Ort klebt.

VALLORBE

Höhe: 749 m — Wanderungen: 16 und 17

In Vallorbe am Südabfall der Jurakette Mont d'Or wurde im Mittelalter Eisenerz gefördert. Die Wasserräder im Orbe-Kanal drehen sich noch immer, nur dass sie heute die Maschinen im Eisenmuseum antreiben, um dem Publikum ganz praktisch das alte Verfahren zu demonstrieren: 23. März–3. Nov. tgl. 9.30–12, 13.30–18 Uhr, Tel. 021/843 25 83. Weitere Attraktionen sind die Grotten der Orbequelle (Tour 17) und eine unterirdische Festung aus dem 2. Weltkrieg, deren Labyrinth heute dem Publikum zugänglich ist. Fort de Pré-Giroud, Mai bis Anfang Nov. nur Wochenende und Feiertage, Juli/ Aug. tgl. 12–17.30 Uhr.

1 Dornach – Arlesheim

Burgen- und Kirschblüten-Tour bei Basel: Schlosshof Dornach – Schartenflue – Burg Richenstein – Schloss Birseck – Schlosshof

leicht

9 km

2:40 Std.

↑406 m ↓406 m

ja

Tourencharakter: Abwechslungsreiche Halbtagestour auf Wald- und Forstwegen.
Beste Jahreszeit: Ganzjährig, am schönsten zur Kirschblüte.
Ausgangs-/Endpunkt: Schlosshof Dornach (503 m).
Wanderkarte: Landeskarte der Schweiz 1: 25 000, Blatt 1067 Arlesheim; 1: 50 000 mit Wanderwegeaufdruck.
Markierung: Gelbe Raute, gelbe Hinweisschilder.
Verkehrsanbindung: Regionalzug der SBB Basel-Dornach; Tramverbindung mit Basel, Linie 10 Aeschenplatz bis Bahnhof Dornach-Arlesheim; Autobahn Basel Richtung Delémont, Ausfahrt Dornach, Parkplatz am Schlosshof.
Einkehr: Restaurant Schlosshof Dornach, Tel. 061/702 01 50; Speisehaus, vegetarisches Vollwert-Restaurant am Goetheanum, Dorneckstr. 2, Tel. 061/701 33 72; Restaurant Gempenturm, Tel. 061/701 32 20; Restaurant Schönmatt, Mo/Di Ruhetag, Tel. 061/701 53 88.
Unterkunft: In Dornach und Arlesheim.
Tourist-Info: Basel Tourismus, Schifflände 5, CH-4001 Basel, Tel. 061/268 68 40, Fax 268 68 70, E-Mail info@baseltourismus.ch, Internet www.baseltourismus.ch

Einen Katzensprung von Basel führt diese Wanderung durch eine waldige Idylle mit Aussichtsturm und Lichtungen voller Kirschbäume, mit romantischen Burgen und einem versteckten Englischen Garten, der seinesgleichen sucht.

Der Wegverlauf

Auf einem Hügel über →Dornach thront die Schlossruine **Dorneck** (497 m). Ein paar Meter oberhalb, am Ende der Zufahrtsstraße, liegt das beliebte Aussichtslokal **Schlosshof** (503 m). An der Wirtschaft vorbei folgt man dem Sträßchen weiter, bis

nach rechts der Fußweg zu dem Waldrand hochzieht. Durch den Wald den Hinweisschildern in Richtung Schönmatt folgen. An der Wegspinne Finsterer Boden (574 m) nach rechts und über einen Treppenweg zur **Schartenflue** (759 m, 40 Min.) mit dem 28 Meter hohen Gempenturm, der gegen eine ge-

1

Von der Schartenflue offenbart sich ein herrlicher Blick auf die Höhenzüge des Basler Jura.

ringe Gebühr bestiegen werden kann. Aber auch schon vom gleichnamigen Ausflugslokal nebenan bietet sich ein wunderbarer Ausblick über das Tal der Birs. Das Stück zur letzten Wegegabelung zurück und in nordöstlicher Richtung zu den Höfen von **Stollen** (638 m) absteigen. Weiter auf einem Teersträßchen durch Kirschbaumhaine zum Restaurant **Schönmatt** (591 m, 1:20 Std.). Für Kinder gibt es einen Verkehrsübungsplatz und herzige Esel zum Streicheln. Ein Fußpfad führt zur Eichmatt (563 m) hinunter, wo man sich nach rechts Richtung **Burg Richenstein** wendet. Das alte Gemäuer ist leider verschlossen, kann aber gemietet werden, was mitunter gerne von Hochzeitsgesellschaften in Anspruch genommen wird. Gleich neben der Burg befindet sich ein überdachter Grillplatz. Dort geht es auch weiter entlang der Felsrippe zu faszinierenden Höhlen hinunter. Gänge bohren sich dort durch den Felsen, und durch ein Fenster kann man **Schloss Birseck** und die Schartenflue erblicken. Der Abstieg setzt sich fort bis zum Waldrand, dort nach links über den Rebenweg und Treppen zur Straße. Diese nach links zum Schloss Birseck (353 m, 2:20 Std., Besichtigung Mai–Mitte Okt. 14–18 Uhr) und zur **Eremitage**, dem idyllischen Landschaftsgarten, der schon im 18. Jh. entstanden ist. Wege und Treppen ziehen sich durch Höhlen und Grotten in ein kleines Tälchen voller Legenden über Kelten und irische Mönche, über Einsiedler, Odilien-Verehrer und Freimaurer. Liebliche Weiher mit kleinen Wasserfällen lassen uns auf magischen Spuren wandeln. Hinter dem letzten Teich geht es nach rechts den Berg hinauf zum Schlosshof bei Dorneck (2:40 Std.) zurück.

2 Mariastein – Burg Landskron

Wallfahrtsort mit Seitensprung: Flüh – Mariastein – Heulenhof – Burg Landskron – Mariastein – Flüh

leicht	
7 km	
2 Std.	
↑ 180 m ↓ 180 m	
ja	

Tourencharakter: Familienfreundliche Kulturwanderung mit einem kleinen Seitensprung nach Frankreich.
Beste Jahreszeit: Ganzjährig, am schönsten zur Kirschblüte oder wenn die Kirschen reif sind.
Ausgangs-/Endpunkt: Flüh, 379 m, kleiner Grenzort, 10 km von Basel.
Wanderkarte: Landeskarte der Schweiz 1:50 000, Blatt 213T Basel.
Markierung: Gelbe Raute, gelbe Hinweisschilder in der Schweiz; blaues Rechteck in Frankreich.
Verkehrsanbindung: Anfahrt von Basel via Binningen und Oberwil. Tramlinie 10 Basel Richtung Rodersdorf bis Flüh.
Variante: Abstieg von der Burg Landskron ins 1,5 km entfernte Leymen, an der grenzüberschreitenden Tramlinie 10.
Einkehr: Restaurant Au Chasseur auf halber Strecke.
Unterkunft: Restaurant Jura an der Wallfahrtskirche Mariastein, Di Ruhetag, Tel. 061/731 10 03; Jugendherberge Mariastein-Rotberg, Tel. 061/731 27 24.
Tourist-Info: Basel Tourismus, Schifflände 5, CH-4051 Basel, Tel. 061/268 68 40. Fax 268 68 70, E-Mail info@baseltourismus.ch, Internet www.baseltourismus.ch

Die Burg Landskron liegt bereits schon auf elsässischem Boden.

Seit Jahrhunderten pilgern Menschen zur berühmten Wallfahrtskirche von Mariastein, um in der geheimnisumwitterten Grottenkapelle die Himmelsgöttin anzubeten oder einfach nur die legendäre Höhle zu besuchen. Eine beschauliche Wanderung führt von dort kaum merklich über die Grenze zur aussichtsreichen Burg Landskron.

Der Wegverlauf

Von der Tramhaltestelle **Flüh** (379 m) nach rechts zur Hauptkreuzung und den »Steinrain« durch den Ort aufsteigen. Nach den letzten Häusern weiter durch den Wald. Kurz vor Erreichen der Lichtung schmiegt sich rechts in die Felsen ein hübscher Marienaltar. Weiter geht es längs des Waldrandes zum Benediktinerkloster **Mariastein** (515 m, erbaut 1645) mit seiner beeindruckenden Wallfahrtskirche. Nach der Legende soll ein Knabe im 15. Jh. hier über die Felswand gestürzt sein. Dank der Hilfe der heiligen Maria blieb er unverletzt. Ein Felsengang neben

Tipp

Eine Burg wie aus dem Bilderbuch. Trutzig ragt sie aus dem Wald am Höhenzug des Blauen, nur 20 Fußminuten von Mariastein. Die **Ruine Rotberg** wurde 1934 von arbeitslosen Jugendlichen wieder aufgebaut und dient seither als charmante Jugendherberge, in der es sich stilvoll und ritterlich wohnen lässt. Reizvoll nicht nur für Kinder.

2

der Kirche führt zur »Kapelle zu den sieben Schmerzen«. Das kleine, tief in den Felsen eingehauene Gotteshaus beherbergt die vergötterte »Maria im Stein«. Vom Klosterplatz am Hotel Jura in den Paradiesweg und am Kurhaus Kreuz vorbei auf einer Teerstraße durch Felder zur Neubausiedlung. Ein Feldweg setzt die Richtung fort auf eine kleine Hügelkuppe (Heulen, 539 m). Etwas unterhalb liegt der **Heulenhof**. Der Reit- und Fahrbetrieb beherbergt einen Antikshop mit Kuriositäten. Das Tälchen zu unseren Füßen ist bereits Frankreich und darüber thront das stattliche »Château du Landskron«. Dem Feldweg folgen wir talabwärts und beim nächsten Abzweig gehen wir nach rechts zur Häusergruppe hinunter. Erst durch ein Schild merkt man, dass man die Grenze bereits überschritten hat, die Markierung ist nun blau. Am Restaurant Au Chasseur vorbei, nun das Teersträßchen bergan bis zur **Burg Landskron** (558 m), die um 1200 erbaut wurde. Das weitläufige Ruinenareal bietet einen stimmungsvollen Picknickplatz und einen fantastischen Ausblick über den Elsässer Sundgau zu den Vogesen und hinüber nach Basel bis zum Schwarzwald. Zurück zur Häusergruppe und nach links am Zollschild vorbei. Gleich dahinter biegen wir rechts in den von Kirschbäumen gesäumten Wiesenpfad. Der Pfad mündet in einen Feldweg. Am Waldrand steigt man nach links durch Buchenwald zur Kapelle St. Anna hinauf. Über den Kreuzweg gelangt man zur Wegegabelung. Dort entweder zurück nach Mariastein oder auf der Anstiegsroute nach Flüh hinunter (2 Std.).

3 Waldenburg – Hauenstein

Kammwanderung über den Belchen: Waldenburg – Chilchzimmersattel – Belchenflue – Challhöchi – Hauenstein

mittel

14 km

4 Std.

↑ 636 m
↓ 496 m

Tourencharakter: Attraktive Höhenwanderung auf zum größten Teil unbefestigten Wegen, Steilaufstieg zu Beginn (bei Nässe rutschig).
Beste Jahreszeit: Ganzjährig, wenn kein Schnee liegt. Besonders reizvoll im Herbst.
Ausgangspunkt: Waldenburg (534 m).
Endpunkt: Hauenstein (674 m), 8 km von Olten.
Wanderkarte: Landeskarte der Schweiz 1:50 000, Blatt 224T Olten.
Markierung: Gelbe, später gelb-rote Raute, Hinweisschilder.
Verkehrsanbindung: Anfahrt von Basel (A 2) via Liestal, von Olten über Balsthal und Langenbruck. Bahnanschluss. Parkplatz an der Post. Hauenstein mit Busverbindung zum Bahnhof von Olten.
Variante: Wer nach Waldenburg zurück will, kann ab Chilchzimmersattel über Ober-Bölchen und den Hornenberg eine Runde schlagen.
Einkehr: Chambersberg, Mi/Do Ruhetag, Tel. 062/216 31 23; Challhof etwas unterhalb der Challhöchi, Mo/Di Ruhetag, Tel. 062/299 12 60.
Unterkunft: Hotel Löwen/Waldenburg, Tel. 061/961 01 21; Ober-Bölchen, 15 Min. zu Fuß vom Chilchzimmersattel, Tel. 062/299 12 73, Mo/Di Ruhetag; Gasthof Löwen/Hauenstein, Tel. 062/293 20 50.
Tourist-Info: Verkehrsbüro Baselland und Liestal, Rathausstr. 36, CH-4410 Liestal, Tel. 061/921 58 07, Fax 921 58 57.

Und weil alle durch den Berg fahren, ist es oben ganz still. Nur ein leichtes Brummen wird mitunter vom Wind hinaufgetragen. Die Rede ist vom Belchentunnel, durch den die A 2 rauscht. Manche kennen die Strecke wie im Schlaf, doch wer macht sich da schon Gedanken, wie es darüber ausschaut. Wunderbar! Der Blick vom

3

exponierten Spitz der Belchenflue schweift über ein Spielzeugland mit kleinen Dörfchen und verstreuten Höfen zwischen ausgeprägten Hügelkuppen bis hin zum Schwarzwald im Norden, übers Mittelland zu den Alpen im Südosten und zum Passwang im Westen. Waldenburg entstammt dem Bilderbuch und lässt sich ganz nostalgisch mit Dampf oder ohne per Europas schmalster Schmalspurbahn, der Waldenburgerbahn, von Liestal anfahren.

Der Wegverlauf

Weit schweift der Blick vom Chilchzimmersattel.

Vom Parkplatz an der Post geht es gleich über die Straße auf dem Fußweg über Treppen zum Schlossweg und dort rechts einen steilen Zickzackweg hinauf zur **Schlossruine** (685 m), dem ehemaligen Sitz der Grafen von Frohburg. Hier findet sich ein hübscher Rastplatz zwischen alten Gemäuern, und über enge Wendeltreppen kann der Bergfried bestiegen werden. Weiter auf schmalem Waldpfad an der Nordseite des Gerstelgrats gewinnen wir an Höhe und steigen dann über die Gerstelflue (810 m) und Rehhag (1018 m) zur Lauchflue (1041 m) auf, wo sich die ersten Weitblicke auftun. Immer eng am waldigen Grat entlang bis zum nächsten Wiesenplateau der **Geissflue** (905 m) mit herrlichen Tiefblicken vom nördlichen Steilabbruch. **Variante:** Abstieg von der Geissflue und Rückkehr per Postauto von Langenbruck nach Waldenburg.
Militärbunker und Schützengräben begleiten nun den Kammweg bis zum **Chilchzimmersattel** (991 m), dem Passübergang zwischen Eptingen und Langenbruck. Ein breiter Wanderweg zieht sich gegen Osten zum **Belchensattel** (1055 m; 2:10 Std.), von dem ein gesicherter Felsenweg auf den Gipfel (1098 m) führt. Ab dem Sattel setzt sich die Route auf dem gelb-rot markierten **Jurahöhenweg** fort, der mit dem Europäischen Fernwanderweg (Pyrenäen-Balaton) identisch ist. In der Spitzkehre geht es etwas unterhalb nach links, zunächst durch Wald, dann über die Wiesen von Chambersberg zur Einsattelung der **Challhöchi** (848 m). Kurz auf dem Sträßchen nach links, dann nach rechts und die nächste Wegesgabelung wieder rechts am Südhang des Ifleter Berges durch Wald nach **Hauenstein** (674 m; 4 Std.) hinunter.

4 Welschenrohr – Balsthal

Über die zweite Jurakette: Welschenrohr – Mieschegg – Güggel – Brunnersberg – Bremgarten – Balsthal

anspr.

20 km

5:20 Std.

↑442 m ↓633 m

Tourencharakter: Lange und aussichtsreiche Höhenwanderung mit zahlreichen Bergwirtschaften; Teilbegehungen und Zwischenabstiege möglich. Jeweils ein steiler Auf- und Abstieg.
Beste Jahreszeit: Frühling bis Spätherbst, besonders schön bei Fernsicht.
Ausgangspunkt: Welschenrohr (680 m), 15 km von Balsthal.
Endpunkt: Balsthal (489 m).
Wanderkarte: Landeskarte der Schweiz 1:50 000, Blatt 223T Delémont.
Markierung: Gelbe Raute, Hinweisschilder.
Verkehrsanbindung: Anfahrt A 1 Ausfahrt Oensingen via Balsthal. Postautoverbindung. Parkplatz an der Post.
Variante: Wer nach Welschenrohr zurückkehren möchte, kann von Mieschegg über den Hinter Brandberg eine reizvolle Wanderrunde von 3 Std. unternehmen.
Einkehr: Mieschegg, Tel. 062/394 12 17; Obere Tannmatt, Tel. 062/394 12 21; Güggel, Mi und abends Ruhetag, 062/394 11 73; Restaurant Alpenblick am Brunnersberg, Mo/DiRuhetag, Tel. 062/394 11 78; Laupersdörfer Stierenberg, Mi/DoRuhetag, Tel. 062/394 12 56.
Unterkunft: In Welschenrohr und Balsthal; Mieschegghütte, Reservation bei Allemann Silvan, Tel. 032/639 14 18; Bremgarten (Massenlager), Mo/Di Ruhetag, Tel. 062/391 32 78.
Tourist-Info: Kanton Solothurn Tourismus, Hauptgasse 69, CH-4500 Solothurn, Tel. 032/626 46 56, Fax 626 46 57, Internet www.mysolothurn.com

Eine unentschiedene Diskussion, welcher Höhenweg schöner ist. Sicher ist, dass derjenige über den Weissenstein und über die erste Jurakette bekannter ist, auf der zweiten Jurakette spielt sich eine stillere Welt ab. Von Welschenrohr steigt man hinauf. Auch hier fällt die Entscheidung nicht einfach: der Aufstieg durch die wildromantische Wolfsschlucht oder über den Hinter Brandberg

Die Ruine Neu Falkenstein bei Balsthal

zum Gipfelkreuz von Mieschegg. Ist man einmal oben, folgt eine nicht endend wollende Panoramaschau zu den Alpen und übers Jurawellenmeer, auf gemütlichem Wege im sanften Auf und Ab bis zum Abstieg nach Balsthal.

Der Wegverlauf

Von der Hauptstraße hinauf zur Kirche von Welschenrohr und dahinter nach rechts über den Kohlholzweg zum Rand der **Wolfsschlucht**. Über steile Treppen steigt man in den Wald hinunter, hält sich dann links bergwärts über dem rauschenden Bache und gelangt in eine wildromantische felsige Klamm. Unmittelbar dahinter windet sich nach rechts ein steiler Zickzackpfad zum Querweg von **Tufftbrunnen** (952 m). Über Wiesen geht es bergwärts bis Chuematt (1045 m) und von dort durch Wald zur **Oberen Tannmatt** (1122 m, 1:30 Std.). Hier nach rechts auf den Höhenweg Richtung **Güggel** (1190 m). Ab dem **Großen Brunnersberg** (1118 m, 3:10 Std.) zieht sich die Route auf einem geteerten Sträßchen (2,5 km) am Restaurant Alpenblick vorbei bis Hermesgraben (1029 m). Nun weiter auf einem unbefestigten Weg über den Laupersdörfer Stierenberg bis zum Ausflugslokal **Bremgarten** (908 m, 4:20 Std.). Ein Stück der Zufahrtstraße bis zum Rechtsknick folgen und dort nach links zum großen Teil durch Wald nach →**Balsthal** (489 m, 5:20 Std.) absteigen.

5 Moutier – Mont Girod

Ein Aussichtspunkt, ein See und eine Schlucht: Moutier – Mont Girod – Lac Vert – Gorges de Court – Moutier

mittel

16 km

4 1/4 Std.

↑507 m ↓507 m

Tourencharakter: Waldreiche Berg- und Schluchtwanderung auf meist unbefestigten Wegen. Ab dem Lac Vert recht steiler Abstieg.
Beste Jahreszeit: Frühling bis Spätherbst.
Ausgangs-/Endpunkt: Moutier (529 m).
Wanderkarte: Landeskarte der Schweiz 1:50 000, Blatt 223T Delémont.
Markierung: Gelbe Raute, Hinweisschilder.
Verkehrsanbindung: Anfahrt von Basel via Delémont, von Biel via Tavannes, Bahnanschluss.
Einkehr/Unterkunft: In Moutier und Court.
Tourist-Info: Office du Tourisme du Jura bernois, Avenue de la Liberté 26, CH-2740 Moutier, Tel. 032/493 64 66, E-Mail info@jurabernois.ch, Internet www.jurabernois.ch

Moutier im Schnittpunkt zweier mächtiger Klusen des felsig-finsteren Durchbruchtals der Birs. Die Pâturage de Mont Girod, eine typische Jura-Parklandschaft mit glücklichen Kühen auf saftigen Weiden zwischen stolzen Nadelbaumexemplaren. Der inzwischen eingestellte Kalkabbau hat dort Vertiefungen zurückgelassen, in denen sich heute der Himmel in kleinen Seen spiegelt. Zusammen ergibt das eine abwechslungsreiche Wanderrunde im Herzen des Faltenjura.

Das Rathaus von Moutier

Der Wegverlauf

Vom Bahnhof der Hauptstraße entlang westwärts Richtung Bellelay. An der Postautohaltestelle Foule (Bus Nr.19), nach links in den Chemin de la Foule, bis der Wanderweg nach rechts abzweigt. Durch den Wald aufsteigen. Am Hof von **Petit Champoz** (753 m, 50 Min.) vorbei über Weiden bis zur Straße. Dieser ein paar Meter nach links folgen, dann wieder durch Wald aufwärts bis **La Joux** (1000 m). Den 10-minütigen Abstecher nach links zum Aussichtspunkt (point de vue, 1036 m) sollte man auf keinen Fall auslassen. Gewaltig ist der Tiefblick auf Moutier, umrahmt vom Rücken des Graitery, vom Raimeux und dem Montagne de Moutier. Über die saftigen Weiden der Pâturage de Mont Girod, übersät mit vereinzelten Grüppchen imposanter

5

Special

Am Schulhaus von Court stehen **drei Findlinge** aus dem Wallis und erzählen stumm von ihrer langen Reise auf dem frostigen Rücken des eiszeitlichen Rhonegletschers, der sie bis ins Tal der Birs brachte. In den Felsen des Mont Raimeux direkt über der Klus von Moutier ist 1994 eine weitere Sensation entdeckt worden: versteinerte Saurierspuren. Wegen des exponierten Geländes lassen sich diese nur aus der Ferne betrachten und zwar vom Bergrücken gegenüber, dem Montagne de Moutier. Etwas oberhalb des Panorama-Pavillons ist für diesen Zweck ein Fernrohr (653 m) installiert.

Tannen, stößt man bald auf einen breiten Schotterweg, dem man dann zunächst geradeaus in die Richtung Champoz folgt. Bei Pkt. 935 biegen wir nach links ab und steigen zum Hof **Mont Girod** (910 m, 1:50 Std.) ab. Rutschige Treppen leiten dort nach links über Weiden zum **Lac Vert** (840 m, 2:10 Std.), einem lieblichen Seelein im ehemaligen Steinbruch von Court (idyllischer Rastplatz, das Baden ist allerdings verboten!). Durch Wald setzt sich der Abstieg fort, über Gittertreppen überwinden wir eine Steilstufe, dann geht es auf einem Forstweg gehörig steil hinunter. Kurz vor dem Waldrand folgt man der Markierung nach links parallel zum Hang, mal im, mal am Wald mit Aussichtsbänken und hübschem Grillplatz. Oberhalb der letzten Häuser von Court (es kann auch nach Court abgestiegen und mit dem Zug zurückgekehrt werden) quert man eine Wiese und steigt durch den Wald über Stufen zum Eingang der **Gorges de Court** (666 m, 2:50 Std.) hinunter. Der malerische Schluchtweg durch einen Tunnel und über Stege gewährt staunende Einblicke in die enge Klus. Beeindruckend, wie sich einzelne Kiefern in den Steilfels klammern. Leider ist durch den nahen Autoverkehr das Erlebnis etwas getrübt. Etwa auf halber Strecke wird nun die Flussseite gewechselt, dann folgen wir gegen Ende der Schlucht ein Stück der Hauptstraße, um bei Pkt. 620 nach links durch ein waldiges Tälchen nach Moutier (4:15 Std.) zurückzukehren.

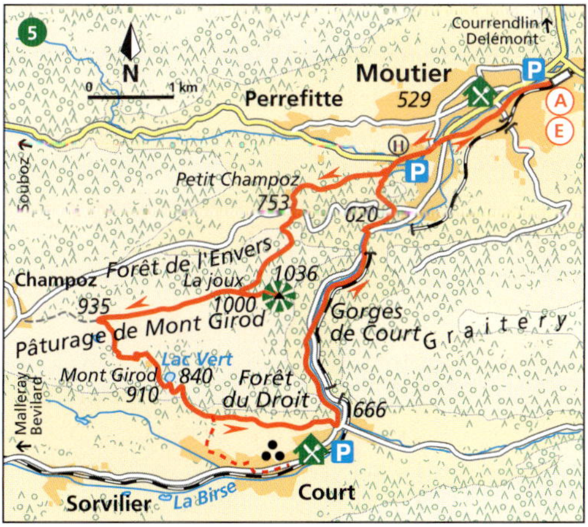

6 Jurassic-Park

Rund um die Dinosaurier von Réclère: Grottes de Réclère – Vaufrey – Glère – Roche d'Or – Grottes de Réclère

anspr.

15 km

5 Std.

↑535 m
↓535 m

Tourencharakter: Tagesfüllende Wald-, Wiesen- und Flusswanderung, pendelnd zwischen Schweiz und Frankreich. Ausweis nicht vergessen.
Beste Jahreszeit: Das ganze Jahr über reizvoll.
Ausgangs-/Endpunkt: Grottes de Réclère (658 m), 15 km von Porrentruy.
Wanderkarte: Landeskarte der Schweiz 1:50 000, Blatt 222T Clos du Doubs.
Markierung: Gelbes Dreieck (Frankreich), gelbe Raute (Schweiz), Hinweisschilder.
Verkehrsanbindung: Die Grottes de Réclère liegen an der Postautolinie Porrentruy (Bahnanschluss)–Damvant. Von Basel Autobahn bis Delémont, dann via Porrentruy, Abzweig in Réclère, 1,5 km bis zu den Grotten.
Einkehr: Restaurant Bellevue in Roche d'Or, gute Küche, Tel. 032/476 66 26.
Unterkunft: Hôtel-Restaurant Les Grottes, Tel. 032/476 61 55, Fax 476 62 33, mit Camping und Bungalows, Internet www.prehisto.ch
Tourist-Info: Jura Tourisme, Grand-Rue 5, CH-2900 Porrentruy, Tel. 032/466 59 59, Fax 032/466 50 43, www.adepjura.ch

Als kleiner Zipfel ragt die Region Ajoie als nördlichster Teil des Kantons Jura nach Frankreich hinein. Eine liebliche, wenig bekannte Juralandschaft. Direkt an der Grenze versteckt sich eine ganz außergewöhnliche Attraktion: die Grotten von Réclère. Über 500 Stufen geht es 97 Meter in den Bauch einer gewaltigen Tropfsteinhöhle. Zentrum der Faszination ist der Dôme, 25 000 Jahre alt und 15 m hoch, ist er der größte Stalagmit der Schweiz.

Tipp Die Besichtigung der Anlage **Prehisto-Parc/ Grottes de Réclère** (April–Nov., Tel. 032/ 476 61 55) nimmt natürlich Zeit in Anspruch. Um die Wanderung kindergerecht zu gestalten lohnt schon der einstündige Aufstieg zum Aussichtsturm von Roche d´Or.

6

Im Wald darüber wird Erdgeschichte lebendig. Da harren lebensecht nachgebildete Dinosaurier im Gestrüpp des Préhisto-Parks und erschrecken den Besucher. Ob Pteranodon, der » Geflügelte und Zahnlose«, oder Saichania, der »traurige Stachelige«, man wäre nicht erstaunt, wenn sie sich bewegen würden.

Der Wegverlauf

Urviecher zum Gruseln im Prehisto Park von Reclère

Von den **Grottes de Réclère** folgen wir der Straße in östlicher Richtung bis zur ersten Rechtskurve und steigen links in den Wald nach **Vaufrey** (408 m, 30 Min.) ab. Das hübsche Dörfchen liegt idyllisch am Ufer des Doubs. Weiter geht es über die Brücke nach links, dem mit gelbem Dreieck markierten Ostuferweg entlang durch verwunschene Natur bis zur Ortschaft **Glère** (416 m, 1:30 Std.) am Westufer. Es folgt ein kräftiger Aufstieg gen Westen über die Weiler **Vernois** (501 m) und **Le Fol** (756 m) bis zum Abzweig kurz vor dem Hof Vacherie Dessus (865 m). Dort nach links erst durch Wald, dann über einen aussichtsreichen Höhenrücken mit Prachtblick über das Doubstal zum Chasseral. Bei Pkt. 900 (3:30 Std.) zweigt nach links der Abstecher zum Aussichtsturm **Faux d'Enson** (936 m, 3:40 Std.) ab, der mitten auf einer Weide platziert ist. Sehr lohnend! Das Panorama umfasst neben den gewohnten Jurawellen nun auch den Blick zum Schwarzwald und zu den Vogesen. In der weiten Talebene liegt Porrentruy. Zurück zu Pkt. 900 folgt man dem Teersträßchen nach links zum Aussichtsdorf **Roche d'Or** (831 m, 4:10 Std.). In der ersten Straßenkehre dahinter geht es links in den Wald und zurück zu den Grottes de Réclère (5 Std.).

7 Saignelégier

Freiberge und eine Schlucht: Saignelégier – Muriaux – Sommêtres – Theusseret – Goumois – Saignelégier

anspr.

14 km

5 Std.

↑602 m
↓602 m

Tourencharakter: Abwechslungsreiche Runde vom Hochplateau der Freiberge in das tief eingeschnittene Tal des Doubs mit steilem Ab- und Aufstieg. Besonders der Abstieg, teilweise mit Geländer gesichert und zwei Leitern, verlangt Trittsicherheit. Bei Nässe sehr rutschig.
Beste Jahreszeit: Frühling bis Spätherbst.
Ausgangs-/Endpunkt: Saignelégier (978 m), Hauptort der Freiberge.
Wanderkarte: Landeskarte der Schweiz 1:50 000, Blatt 222T Clos du Doubs.
Markierung: Gelb-rote und gelbe Raute, Hinweisschilder.
Verkehrsanbindung: Anfahrt von Biel via Tavannes, von Basel via Delémont. Bahnanschluss, Postautoverbindung mit Goumois.
Variante: Wer bei Goumois dem Fluss noch nicht entsagen möchte, kann in 1 1/2 Std. bis zur Moulin Jeannottat weiter wandern, ebenfalls ein sehr ansprechendes Mühlen-Restaurant mit Übernachtungsmöglichkeit. Von dort über Les Pommerats zurück nach Saignelégier, ca. 2 1/2 Std.
Einkehr: Restaurant Le Theusseret, März–Nov., Mi Ruhetag, Tel./Fax 032/951 1451.
Unterkunft: Café du Soleil/Saignelégier, Tel. 032/951 16 88; Refuge des Sommêtres, Berghütte der Groupe des Alpinistes des Franches-Montagnes, stets geöffnet; Hôtel du Doubs/Goumois, Tel. 032/951 13 23.
Tourist-Info: Jura Tourisme, 6, place du 23-Juin, CH-2350 Saignelégier, Tel. 041/901 12 00, Fax 952 19 55, E-Mail: info@juratourisme.ch, Internet www.juratourisme.ch

Ein starker Kontrast und für den Jura so typisch: Zuerst die weite, nur leicht gewellte Hochebene der →Freiberge (Franches-Montagnes), dann die tiefe Kerbe des →Doubs-Tals. Ergreifend die Aussicht vom exponierten Grat des Sommêtres, wildromantisch der Wald von Le Theusseret, der seit 1992 sich selbst überlassen wird, intim und unberührt der Uferweg am klaren Wasser. Eine Tour mit hohem Landschaftsgenuss, die mit einer guten Portion Beinarbeit verbunden ist. Von Goumois kann die Tour mit dem Postauto abgekürzt werden.

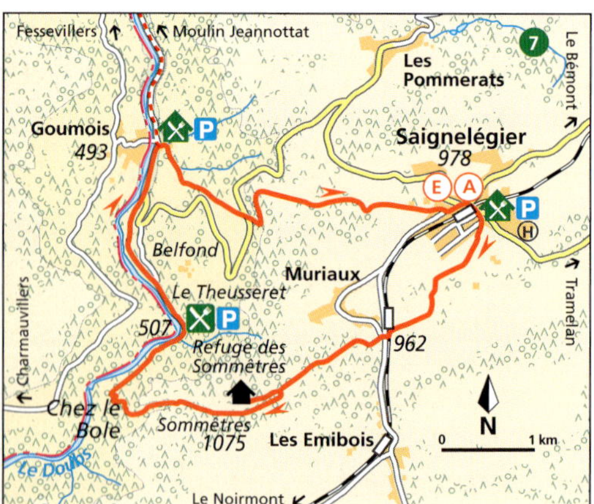

Tipp

Auf der Suche nach kulinarischen Höchstleistungen wird man im Dorf Le Noirmont fündig. Georges Wenger, renommiertester Koch des Jura, verwöhnt den Gaumen im Restaurant de la Gare, Tel. 032/953 11 10.

Der Wegverlauf

7

Vom Bahnhof nach rechts den Bahngleisen entlang, dann über die Gleise am Hotel de la Gare vorbei hinauf zur **Esplanade du Marché-Concours** (995 m). Auf dem gelb-rot markierten Jurahöhenweg durch Felder zur Bahnüberführung der Haltestelle **Muriaux** (962 m, 40 Min.). Nach der Brücke links den Berg hinauf. Erst über Wiesen, dann auf einem Forstweg bis zur Wegegabelung von **Sommêtres** (1075 m, 1:10 Std.). Nach rechts führt ein 10-minütiger Abstecher auf einen spektakulären Felssporn. Fantastisch ist die Aussicht auf das tief eingeschnittene Tal des Doubs, auf den französischen Jura, mitunter sogar bis zu den Vogesen. Sehr romantisch schmiegt sich das Refuge des Sommêtres an den felsigen Grat und lädt zu einer rustikalen Rast oder Übernachtung ein. Zurück an der Wegegabelung verlässt man den Höhenweg und steigt nach rechts steil hinunter durch die waldige Klamm parallel zum Grat von Sommêtres. Dem Bach folgend bis zu einer Infotafel über

Der Grenzfluss Doubs teilt das Dorf Gaumois in zwei zu verschiedenen Ländern zugehörige Ortsteile.

Der Blick vom Felssporn Sommêtres über endlose Jurawellen

das Waldreservat von **Le Theusseret** (825 m). Nun über den Bach und gemächlich abwärts zu einem kleinen Plateau mit Aussichtsbank. Es folgt ein kräftiger Steilabstieg, teilweise gesichert und mit zwei Leitern bestückt. Am Ufer des Doubs trifft man auf die idyllisch gelegene, ehemalige Mühle Le Theusseret (507 m, 2:10 Std.), heute ein gern besuchtes Restaurant. Weiter ganz gemütlich und eben dem Lauf des Wassers entlang bis Goumois (493 m, 2:45 Std.), einem verschlafenen Grenzort, der seit 1780 auf zwei Länder verteilt ist. Am Dorfbrunnen nach rechts geht es wieder kräftig bergauf. Bei einer Wegegabelung hält man sich rechts, überquert später die Landstraße. Kurz danach knickt die Route nach links zum Aussichtspunkt von La Retenue. Weiter über Weiden und Wälder hinauf nach →**Saignelégier** (978 m, 5 Std.).

Mont Soleil – Mont Crosin

8

Der Berg der Sonne und des Windes: Mont Soleil – Mont Crosin

Tourencharakter: Gemütlicher Spaziergang auf einem Lehrpfad über Naturenergien, ohne nennenswerte Höhenunterschiede, familienfreundlich, auch mit Kinderwagen möglich.
Beste Jahreszeit: Frühling bis Spätherbst.
Ausgangspunkt: Mont Soleil (1180 m), Aussichtsberg von St-Imier im Tal der Suze.
Endpunkt: Mont Crosin (1177 m).
Wanderkarte: Landeskarte der Schweiz 1:50 000, Blatt 232T Vallon de St-Imier; Faltblatt mit Wegskizze im Touristenbüro erhältlich.
Markierung: Braune Hinweisschilder.
Verkehrsanbindung: Anfahrt mit Bahn oder Auto via Biel oder Neuchâtel nach St-Imier, von dort Drahtseilbahn (Funiculaire, Tel. 032/941 25 53) zum Mont Soleil, Busverbindung Mont Crosin – St-Imier.
Variante: Wer sich eine längere Wanderrunde gestalten möchte, dem empfiehlt sich in Les Breuleux (1038 m, Bahnanschluss) zu starten. Les Breuleux – Mont Soleil (6 km, 1:30 Std.), Mont Soleil – Mont Crosin (5 km, 1:15 Std.), Mont Crosin – Les Breuleux (5 km, 1:15 Std.). Tourist-Info Les Breuleux, Tel. 032/959 43 30.
Einkehr: Restaurant Le Manoir, gegenüber der Drahtseilbahn, Tel. 032/941 23 77.
Unterkunft: Auberge Vert-Bois, Tel. 032/944 14 55; Chalet Mont Crosin, Tel. 032/944 15 64; Hotels in St-Imier.
Tourist-Info: Jura bernois Tourisme, Rue du Marché 6, CH-2610 Saint-Imier, Tel. 032/941 26 63, Fax 941 14 35, E-Mail saintimier@jurabernois.ch, Internet www.jurabernois.ch

leicht
km 5 km
1 1/4 Std.
↑ 94 m
↓ 94 m
ja

Origineller Rastplatz am Energielehrpfad. Hier kann mit einem Karussel die eigene Muskelkraft in Elektrizität umgesetzt werden.

Seit 1992 steht auf dem Mont Soleil die größte Solaranlage (Centrale solaire) der Schweiz, die fast ausschließlich zu Forschungszwecken genutzt wird. Rund 5000 Quadratmeter Silizium-Solarzellen breiten sich da am Wiesenhang zwischen weidenden Schafen aus und produzieren bei optimaler Sonneneinstrahlung eine maximale Leistung von 500 Kilowatt. Einen Katzensprung weiter wird mit Windenergie geforscht. Die Windkraftanlage (Centrale éolienne) am Mont Crosin entstand 1996. Auf 45 Meter hohen Rundmasten drehen sich da gewaltige Rotoren mit drei je 22 Meter langen Blättern. Ein beschaulicher Höhenweg, als Lehrpfad

8

(sentier découverte) mit 11 Schautafeln eingerichtet, verbindet die beiden Standorte. Sie klären nicht nur über die Energiegewinnung auf, sondern auch über Fauna und Flora, Geologie und Meteorologie.

Der Wegverlauf

Von der **Bergstation** der Drahtseilbahn (1180 m) zunächst bergan zum nahen **Sonnenkraftwerk** (1288 m). Der Lehrpfad zieht sich hinter dem Kraftwerk vorbei parallel zum Hang in nördliche Richtung. Am nahen **Hof** (1256 m) folgt man dem Alpweg links auf eine kleine Anhöhe. Es kann auch vor Erreichen des Hofes nach links über die Wiese abgekürzt werden. Ein herrlicher Ausblick bietet sich auf den zum Greifen nahen Nordabbruch des Chasseral. Der Weg senkt sich durch ein kurzes Waldstück, danach geht es wieder eben durch offenes Wiesengelände. Die ersten großen Windräder lassen sich in der Ferne sichten. Von links mündet die Route von Les Breuleux herüber, ein Teilstück des **Trans Swiss Trail**, der die Schweiz von Porrentruy bis Chiasso auf 511 Kilometern durchquert. Auf halber Strecke kann anhand eines Karussells getestet werden, wieviel Kraft in den eigenen Muskeln steckt. Das Drehen des Karussells wird sofort in Elektrizität umgewandelt. Eine Glühbirne zeigt, wer der Stärkste ist und wieviel Strom er produzieren könnte, wenn er eine Stunde lang

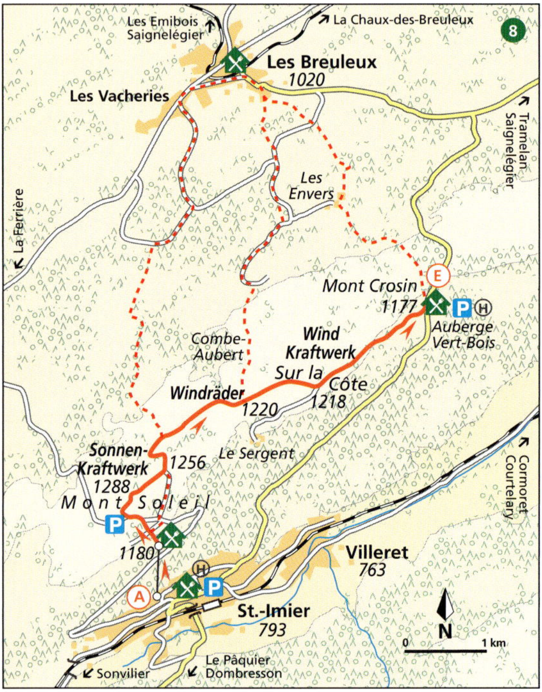

8

Tipp

Das Sonnen- und Windkraftwerk kann unter fachkundiger Leitung besichtigt werden. Anmeldung: Tel. 031/330 53 04. Auch Pferdekutschfahrten werden auf dem Lehrpfad veranstaltet. Info: Tel. 032/941 59 51.

so weiter drehen würde. An der nächsten Wegkreuzung wandern wir nach rechts leicht ansteigend eine Hügelwelle hinauf, bis man als winziger Zwerg unter einem der gewaltigen **Windräder** steht (1220 m). Von links kommt wieder eine Route von Les Breuleux herauf. Der Lehrpfad zieht sich nach rechts zu einem kleinen Spielplatz mit Picknickareal. Am nahen Hof (1218 m) folgt man nach links dem geteerten Sträßchen bis zur **Auberge Vert-Bois** (1177 m) an der Passstraße des **Mont Crosin**. Etwas unterhalb befindet sich eine Bushaltestelle (1:15 Std.).

Die Windräder am Mont Crosin

9 Chasseral

Aussichtsrunde am höchsten Berg des Berner Jura: Chasseral – Chuffort – Clémesin – Combe Biosse – Chasseral

mittel
15 km
4 1/2 Std.
↑548 m ↓548 m

Tourencharakter: Beliebte und gemütliche Kamm- und Hüttenwanderung mit Rückkehr durch eine wilde Schlucht mit Steilaufstieg.
Beste Jahreszeit: Juni bis zum ersten Schneefall.
Ausgangs-/Endpunkt: Großer Parkplatz am Hotel Chasseral, 1548 m.
Wanderkarte: Landeskarte der Schweiz 1:50 000, Blatt 232T Vallon de St-Imier; 1:25 000, Blatt 1125 Chasseral; Wanderkarte 1:60 000 Berner Jura–Seeland, Kümmerly+Frey.
Markierung: Gelb-rote Raute, gelbe Hinweisschilder.
Verkehrsanbindung: Passübergang zwischen dem Tal von St-Imier und dem Bielersee; Anfahrt auf schmaler Bergstraße von St-Imier oder Nods, Zufahrt zum Hotel mautpflichtig; Busverbindung Chasseral–St-Imier.
Einkehr: Métairie d'Aarberg (1265 m), Tel. 032/751 34 22, Mo Ruhetag; Métairie Chuffort (1225 m), Tel. 032/751 22 58, Di Ruhetag; Métairie de l'Ile (1352 m), Tel. 032/751 27 33, Do Ruhetag.
Unterkunft: Hôtel Chasseral (1548 m), Tel. 032/751 24 51 oder Tel. 079/443 48 02; Métairie de Clémesin, Mi Ruhetag (1050 m), Tel. 032/853 14 18.
Tourist-Info: Office du Tourisme du Jura bernois, Avenue de la Liberté 26, CH-2740 Moutier, Tel. 032/493 64 66, E-Mail info@jurabernois.ch, Internet www.jurabernois.ch
Office du Tourisme du Val de Ruz, Rue de l'Epervier, CH-2053 Cernier, Tel. 032/853 86 00, E-Mail tourisme.vdr@bluewin.ch, Internet www.ne.ch/tourism

Abenteuerliche Leiterpassage in der Combe Grède

Es ist noch gar nicht so lange her, dass der Chasseral eine weltabgeschiedene Gegend war, in der die wenigen Bergbauern dem kargen Kalkboden in beschwerlicher Arbeit gerade einmal ein dürftiges Überlebensminimum abringen konnten. Milch, Käse und Rahm wurden im Sommer in der als natürlichem Kühlschrank genutzten Eishöhle aufbewahrt, einer ganzjährig vereisten Bodenvertiefung im Gelände der Métairie-des-Limes-du-Haut. Anfang des 20. Jh. kam als zusätzliche Einkommensquelle limitiertes Schnapsbrennen hinzu. Nach dem Verbot des Absinth durften die Bauern die heimische Enzianwurzel zu Hochprozentigem verarbeiten, wobei sich die erlaubte Menge nach dem vorhandenen Viehbestand richtete. Erst in den dreißiger Jahren (1933–36) wurde die Passstraße von Nods nach St-Imier gebaut und das Gebiet aus seiner Abgeschiedenheit gelöst. Der Tou-

9

Special

Métairie kommt vom lateinischen medietas (die Hälfte). Damit wurden die Bauern- oder Meierhöfe bezeichnet, deren es im Chasseral-Gebiet so viele gibt, weil ihre Pächter dem Grundbesitzer die Hälfte des Bodenertrags abliefern mussten. In einigen dieser stattlichen Höfe wird bis heute Käse hergestellt. Die meisten haben auf dauerhafte Gastronomie umgestellt, in manchen kann auch übernachtet werden.

rismus kam, doch die weltentrückte Atmosphäre hat er nicht verscheuchen können. Manche selten gewordene Tier- und Pflanzenart ist hier noch anzutreffen: Auer-, Birk- und Haselhuhn, Wiesenpieper, verschiedene Spechtarten und Raubvögel, bis hin zum Hermelin und Luchs. Unter den Enzianen, Anemonen und Orchideen lassen sich zahlreiche Raritäten aufspüren. Seit 1977 steht das Gebiet im Bundesinventar der geschützten Landschaften und Naturdenkmäler.

Heute ziert den höchsten Punkt des **Chasseral** (1607 m) ein Fernmeldeturm gewaltigen Ausmaßes. Mit seinen unzähligen Antennen und Empfangsschüsseln erhöht er den Gipfel um weitere

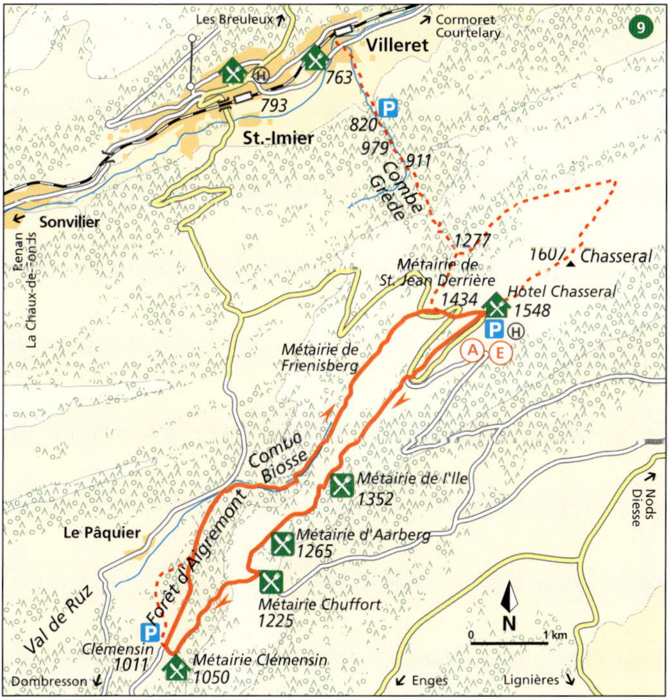

9

120 Meter. Das etwas unterhalb gelegene Hotel mit seinem stattlichen Satteldach gleicht im Äußeren den juratypischen Chalets. Die Gestaltung des Innenlebens fiel leider einem dieser etwas unromantischen weiträumigen Selbstbedienungsrestaurants zum Opfer, was vermuten lässt, dass der Andrang mitunter von Massen bestimmt wird. Allerdings beschränkt sich das in der Regel auf die Wochenenden und Sommerferien. In den Tagen dazwischen schlummert der Chasseral wieder in der Einsamkeit. Und so lässt sich die beliebte Kammwanderung über den langgestreckten Höhenzug auch am besten wochentags unternehmen.

Traumloge mit Alpensicht: das Hotel Chasseral

Auf der ersten Hälfte schwelgt das Auge im Ausblick. Bei klarer Sicht spannt sich die weiße Alpenkette über den östlichen Horizont im Kontrast zu den grünen endlosen Hügelwellen des Jura im Westen. Bei soviel Schau muss man fast aufpassen, nicht über den steinigen Pfad zu stolpern. Doch zahlreiche Bergwirtschaften unterwegs geben die Gelegenheit, das Ganze mit Muße und einem guten Glas Flüssigem zu betrachten. Die zweite Hälfte wirkt dann fast wie ein Eindringen in den Berg selbst. Durch die enge Jurafalte der wildromantischen Combe Biosse (seit 1977 Naturschutzgebiet) wird in strengem Aufstieg der Chasseral zurück erobert. Die Route kann natürlich auch in umgekehrter Richtung angegangen werden, ist aber dann etwas kniemörderischer.

Der Wegverlauf

Vom **Hotel Chasseral** (1548 m) folgt man dem von Felsrippen durchzogenen Grat in südlicher Richtung zum Scheitelpunkt der Passstraße, überquert diese und hält sich weiter auf dem Gratweg. In leichtem Auf und Ab durch felsiges Gelände, dann etwas steiler eine Weide hinunter zur **Métairie de l'Ile** (1352 m), der er-

9

Tipp

Eigentlich sollte man auf eine Anreise zum Chasseral mit Auto oder Bus verzichten. Ein viel eindrücklicheres Erlebnis bietet sich im Auf- oder Abstieg durch die **Combe Grède** (911 m). Diese mystische Waldschlucht zieht sich als tiefe Kerbe von der Nordflanke des Chasseral nach Villeret hinunter. Jede Menge Sagen ranken sich um die düstere Kluft. Da erzählt man sich von Hexen, die im Schutze der Felsen den erntevernichtenden Hagel vorbereiteten. Andere vermuten irgendwo im Schlund die Werkstatt von St.Nikolaus und seinen Weihnachtsfrauen. Tatsache ist, dass sich eine mittlerweile stattliche Kolonie von Gämsen in den felsigen Waldflanken tummelt, deren Vorfahren 1956 hier ausgesetzt wurden. Davor ging es der Natur nicht so gut. Im 19. Jh. nutzten Eisenindustrie und Köhler den Wald zu fleißig als Energiespender. Durch die Entwicklung neuer Energiequellen ging der Bedarf glücklicherweise zurück, und Anfang des 20. Jh. begann man wieder mit der Aufforstung. Seit 1932 steht das Gebiet um die Combe Grède unter Naturschutz, und die alte Wildheit ist zurückgekehrt. Im oberen Teil der Schlucht stellt sich eine hohe Kalkwand in den Weg, die mit Hilfe mehrerer Metallleitern ohne Probleme überwunden wird, doch der Route noch einen zusätzlichen Hauch von Abenteuer verleiht. Aufstieg von Villeret (763 m) zum Chasseral 2:30 Std. Vorsicht bei Nässe!

sten zünftigen Bergwirtschaft. Ein Stück den Alpweg hinunter und nach rechts wieder auf den gelb-rot markierten Jurahöhenweg, der dem Grat folgt. Nachdem man die rechts etwas unterhalb gelegene Métairie d'Aarberg (1265 m) passiert hat, zweigt die Route nach links über Weiden zur Alpwirtschaft von **Chuffort** (1225 m; 1:35 Std.) hinunter. Hier wird der Gratweg verlassen und nach rechts am Steinmäuerchen entlang Richtung **Clémensin** gewandert. An einer Alphütte vorbei geht es über Weiden abwärts auf einen Fahrweg, dem man nach links folgt. Schon bald öffnet sich ein wunderbarer Blick ins Val de Ruz und auf die Häusergruppe von Clémensin (1011 m; 2:05 Std.). Auch hier wieder eine Métairie, diesmal mit Übernachtungsmöglichkeit. Am markanten **Haus mit Glockenturm** biegt man in den Feldweg nach rechts, der sich eben in den Wald zieht. Die erste Wegegabelung nach links einschlagen, bis der Pfad auf einen weiteren Forstweg stößt, dem nach links abwärts gefolgt wird. An der nächsten scharfen Linkskurve nach rechts ist bald der Eingang zur **Combe Biosse** (2:45 Std.) erreicht. Man passiert zwei Brücklein in nördlicher Richtung. Danach wird der breite Weg längs des Baches immer schmäler und in schweißtreibendem Anstieg die wilde, steinige Schlucht erkämpft, bis einen der Wald in ein kleines Hochtal ausspuckt. In nun gemächlicher Steigung längs des Grabens über Weiden zur Chasseralstraße und diese ein paar Meter nach rechts entlang, bis nach links das letzte Steilstück zum **Chasseral** bewältigt werden muss (4:30 Std.).

10 Am Sonnenhang des Bielersees

Schluchten – Reben – Seenland: Biel – Taubenlochschlucht – Magglingen – Twannberg – Twannbachschucht – Twann

mittel

20 km

5 Std.

↑502 m
↓514 m

Tourencharakter: Schlucht- und Höhenwanderung mit nur einem kurzen, etwas steileren Anstieg. Idealer Familienausflug mit tollen Grillstellen unterwegs und mehreren Abkürzungsmöglichkeiten. Bei feuchtem Wetter sind die Schluchtwege etwas glitschig.
Beste Jahreszeit: Am schönsten im Herbst, die Schluchten sind ideal für heiße Tage und auch bei Schlechtwetter sehr reizvoll.
Ausgangspunkt: Bahnhof Biel, bzw. Biel-Bözingen (446 m) an der Nordostspitze des Bielersees.
Endpunkt: Bahnhof Twann (434 m) am Westufer des Bielersees, 8 km von Biel.
Wanderkarte: Landeskarte der Schweiz 1:50 000, Blatt 232T Vallon de St-Imier sowie Blatt 233T Solothurn, mit Wanderwegeaufdruck.
Markierung: Gelbe Raute, gelbe Hinweisschilder.
Verkehrsanbindung: Biel (434 m) ist über die A 5 von Solothurn erreichbar, über die Schnellstraße von Bern oder Neuchâtel; Bahnanschluss.
Variante: Die Route kann mit Standseilbahnen abgekürzt werden. Funiculaire Biel – Leubringen, Fahrbetrieb 5.55–19.55 Uhr alle 10 Min.; Funiculaire Biel–Magglingen, Fahrbetrieb 6–20 Uhr alle 20 Min., 20–23.45 Uhr halbstündlich, Tel. 032/322 45 11.
Einkehr: Restaurant Zum Wilden Mann am Eingang der Taubenlochschlucht, Tel. 032/341 19 42; Bergwirtschaft Hohmatt/Magglingen, Tel. 032/322 21 11; Restaurant des Gorges, Tel. 032/315 26 16..
Unterkunft: L'Eauberge Tubeloch, CH-2535 Frinvillier, Tel. 032/358 11 32; Hôtel de la Gare, CH-2533 Evilard/Leuringen, Tel. 032/322 63 22, Di/Mi Ruhetag; Hotel-Feriendorf Twannberg***, Tel. 032/315 01 11; Hotel Bären***, CH-2513 Twann, Tel. 032/315 20 12.
Tourist-Info: Tourismus Biel-Seeland, Zentralstr. 60, CH- 2501 Biel-Bienne, Tel. 032/322 75 76, E-Mail head@tbsinfo.ch, Internet www.biel-seeland.net

Blaues Wasser voller Surfer und Segler, mediterranes Klima, Weingärten und jede Menge Sonne, während am nahen Chasseral oft triste Wolken hängen – so ganz anders als seine nordische Höhe präsentiert sich die Südflanke der ersten Jurakette am fast 40 Kilometer großen Bielersee. Zwei Flüsse haben sich tief ins weiche Kalkgestein gegraben und wildromantische Schluchten entstehen lassen. Der Rebenweg, eine rege genutzte Spaziermeile, verbindet diese beiden Highlights. Grandios im Ausblick, doch sein geteerter Zustand und die Nähe zur verkehrsreichen lauten Seestraße dezimieren den Wandergenuss. Weitaus beschaulicher sind da die stillen Höhenwege durch Wiesen und Wälder. Leubringen/Evilard und Magglingen/Macolin, die zwei Dörfer unterwegs, bieten dabei schnelle Rückzugsmöglichkeiten per Standseilbahn (Funiculaire) nach →Biel, sowie Panorama-

Special

10

Die Sage vom Tubeloch
In der Trutzburg von Rondchâtel lebte einst ein tyrannischer Ritter, vor dem die Gegend zitterte. Da kam der Tag der Hochzeit eines jungen Liebespaares. Auch der Ritter begehrte die hübsche Braut, überfiel die Hochzeitsgesellschaft auf ihrem Weg nach Bözingen und erdolchte den Bräutigam. Die Braut, die so schön und lieblich war, dass alle sie La Colombe (Taube) nannten, wollte dem Tyrannen nicht in die Hände fallen und stürzte sich in die finstere Klamm. Die Bevölkerung, geschockt von dieser schauerlichen Tat, schwor Rache. Der Ritter wurde in den Hinterhalt gelockt, getötet und seine Burg zerstört. Seit jenen Tagen sollen in den Felsen des Tatorts viele Taubenpaare nisten, als Symbol der treuen Liebe. Namensforscher sehen die Taubenlochschlucht etwas anders. Sie leiten den Namen von Daube, was Abgrund oder Graben bedeutet, bzw. vom altdeutschen Dubelloch oder Tobelloch ab, was wasserdurchflossene Waldschlucht bedeutet. Über die Sage hat das Schweizer Radio DRS ein Kriminalhörspiel produziert: »La Petite Colombe«, von Jakob Paul Gillmann, erhältlich im Touristoffice.

restaurants mit herrlichem Alpenblick. Die Doppelnamen zeigen die unmittelbare Nähe zur Sprachgrenze an. Auf deutsche Fragen kommen nicht selten französische Antworten.

Der Wegverlauf

Vom Bahnhof mit dem Bus Nr. 1 nach **Bözingen** (446 m) bis zur Haltestelle Taubenloch. Die Straße überqueren und beim Restaurant Zum Wilden Mann den Hinweisschildern in die Taubenlochschlucht folgen. Der Wanderpfad gräbt sich immer tiefer in die etwa zwei Kilometer lange schummrige Klamm der Schüss und offenbart ein faszinierendes Naturschauspiel. Von den senkrechten, mitunter überhängenden Felswänden tropft und gluckst es. Felsmühlen, Strudellöcher, Grotten und Wasserfälle beherrschen die wildromantische Szenerie. Teilweise ist der Weg in den Fels

Das malerische Winzerdorf Iwann am Bielersee

10

gehauen, wechselt hie und da das Ufer, bohrt sich durch Tunnel und Galerien mit beeindruckenden Tiefblicken in die urwüchsige Juraklus. Am oberen Ende der Schlucht gelangt man zur **Eauberge Tubeloch** (517 m; 40 Min.). Hier können Hunger und Durst gestillt werden, für Kinder gibt es einen Kleintierzoo. Von der Wirtschaft folgen wir dem Wegweiser in Richtung Leubringen. Nach einem kurzen Stück entlang des bequemen Waldweges zweigt die Route nach links ab und zieht sich steil den Berg hinauf. Nach 25 Min. ist **Lyssersbrunnen** (659 m) erreicht, ein romantischer, schattiger Grillplatz mit Blockhaus und mehreren Feuerstellen. In nun gemächlicher Steigung folgt man dem Waldweg, der sich nach kurzer Zeit aussichtsreich am Waldrand fortsetzt. Unterwegs sehen wir eine Panoramatafel mit Ruhebänken. Tritt die Route wieder in den Wald (**Forêt de Malvaux**, 748 m; 1:40 Std.) stößt man schon auf den nächsten attraktiven Grillplatz mit Spielplatz und Fußballfeld. Hier startet auch ein kurzer Lehr- und Spielweg zum Thema Wald und Holz. Wer die Wanderung abbrechen möchte, kann ins unmittelbar angrenzende **Leubringen**

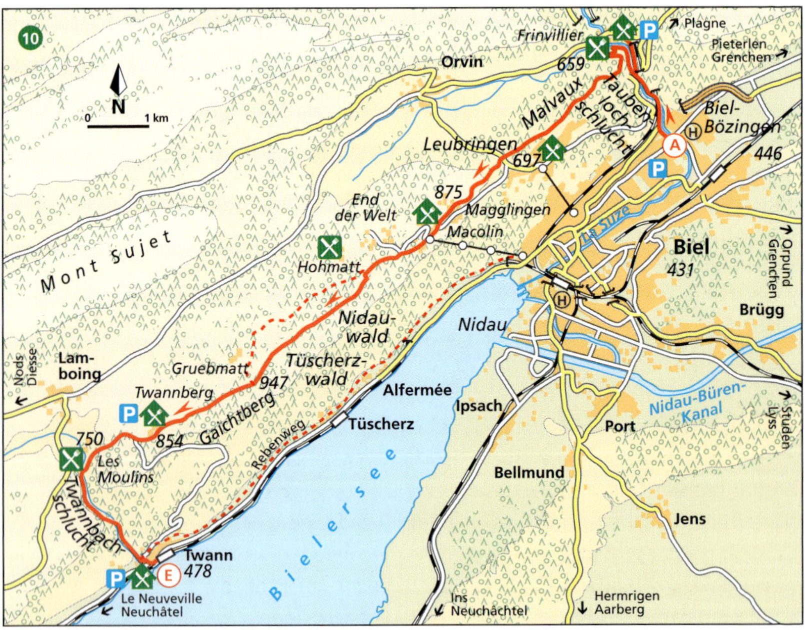

10

(697 m) absteigen und mit der Standseilbahn nach Biel zurückkehren. Ansonsten folgt man dem Panoramaweg nach **Magglingen** (875 m; 2:30 Std.). Auch dort bietet sich eine Rückkehrmöglichkeit per Standseilbahn. Westlich der Bergstation fällt ein großes Gebäude ins Auge. Das 1877 erbaute ehemalige Grandhotel, einer der frühesten Zeugen aus der Zeit des gerade aufkommenden Tourismus, beherbergt heute die eidgenössische Sportschule des Bundesamtes für Sport (BASPO). Von der Aussichtsterrasse präsentiert sich ein großartiger Weitblick auf Biel, über den See bis zur Alpenkette. Auf dem alten Kurweg des Hauses setzt sich die Route fort, taucht dann in den Nidauwald ein, zieht rüber zum **Gaichtberg** (947 m), wo sich der Blick wieder öffnet, diesmal gegen Westen auf die Dörfer Lamboing und Diesse, zum Mont Sujet und zum Chasseral (1607 m), dem höchsten Berg des Berner Jura. Über die baumlose Hochebene erreicht man das Feriendorf **Twannberg** (854 m; 3:30 Std.) mit Lamagehege, Spiel- und Picknickplätzen. Auf dem Sträßchen vorbei zur großen Wegspinne am Waldrand und über den Muliweg, einen mit Kopfsteinpflaster befestigten alten Karrenweg aus dem 13. Jh., steigen wir durch Wald bis zur Tessenbergstraße bei **Les Moulins** (750 m) ab. Diese überqueren und am Restaurant des Gorges nach rechts hinunter in den Bachgraben zum Eingang der **Twannbachschlucht** (563 m; 4 Std.). Durch vermooste, feuchte Wildnis wandern wir in die immer enger werdende Schlucht, bis sich der Pfad als gesicherte Route unter senkrechten Felswände hindurchbohrt. Eine gewaltige Höhle gegen Ende kann mit Taschenlampe erforscht werden, dann ist auch schon der Schluchtausgang am Aussichtspunkt Känzeli erreicht mit hübschem Blick auf die Rebenlandschaft und den Bielersee. Über Treppen geht es steil ins malerische Winzerdorf **Twann** (478 m; 5 Std.) hinunter. Wer auf dem Rebenweg nach →**Biel** (431 m) zurückwandern möchte, hält sich vom Schluchteingang nach links ein Stück die Landstraße hoch, bis nach rechts die ausgeschilderte Route abbiegt.

Die Laubenlochschlucht bei Biel

11 Valangin – Chaumont

Auf den Hausberg von Neuchâtel: Valangin – Pré Louiset – Chaumont – Centre Dürrenmatt – Ermitage – Neuchâtel

mittel

11 km

3 1/2 Std.

↑496 m
↓605 m

Tourencharakter: Aussichtsreiche Bergwanderung mit Lehrpfad über bestens markierte Wege.
Beste Jahreszeit: Frühling bis Spätherbst.
Ausgangspunkt: Valangin (651 m), Busverbindung vom Place Pury in Neuchâtel.
Endpunkt: Neuchâtel Ermitage (542 m), Buslinie 7 zum Bahnhof.
Wanderkarte: Wanderkarte 1:60 000, Chasseral-Neuenburg-Val de Travers-Ste-Croix, Kümmerly+Frey.
Markierung: Gelbe Raute, Hinweisschilder.
Verkehrsanbindung: Valangin liegt an der Autobahn Richtung La-Chaux-de-Fonds am Eingang des Val de Ruz, 6 km von Neuchâtel (Bahnverbindung).
Einkehr: Teestube Weber in Valangin, Mo Ruhetag, Tel. 032/857 23 53.
Unterkunft: Hotels in Neuchâtel; Chaumont: Auberge du Vieux Bois, Tel. 032/753 24 51, Hôtel Chaumont et Golf****, Tel. 032/754 21 75.
Tourist-Info: Neuchâtel Tourismus, Hôtel des Postes, CH-2001 Neuchâtel, Tel. 032/889 68 90, Fax 889 62 96, E-Mail tourisme.neuchatelois@ne.ch, Internet www.ne.ch/tourism

Das Dörfchen Valangin nahe Neuchâtel versetzt ins Mittelalter

Manche kennen es nur vom Auto aus, das trutzige Schloss (13./15. Jh.) von Valangin, das von der knapp vorbeiziehenden Autobahn so prächtig anzusehen ist. Viel schöner ist es, das Schloss näher zu betrachten und einen höchst malerischen Ort zu entdecken. Das Herz besteht zwar aus nur einer Gasse, die aber versetzt ins Mittelalter. Über die Westflanke wird der Chaumont erstiegen. Nicht selten genießt der Hausberg von →Neuchâtel strahlenden Sonnenschein, wenn im Tal die dicke Nebelsuppe wabbert. Auf dem Sentier du Temps kehrt man nach Neuchâtel zurück und durchwandert dabei symbolisch die erdgeschichtliche Evolution.

Der Wegverlauf

Hinter dem historischen Stadtkern von **Valangin** (651 m) nach rechts zum Fluss hinunter, über die Brücke rechts und bei der nächsten Wegegabelung links durch Wald aufsteigen, die Straße von Fenin queren und wieder in den Wald,

Tipp Kein Gang durch Valangin ohne einen Besuch der Teestube Weber. In niedrigen, urigen Holzräumen genießt man besonders die Hausspezialität »Gateau au beurre«. Der hauchdünne Butterkuchen kommt frisch aus dem Holzkohlenofen. Interessant auch das Historische Museum im Schloss gleich gegenüber (März–Mitte Dez.,10–12, 14–17 Uhr, Tel. 032/857 23 83).

aufgelockert durch die Lichtungen der **Pré Louiset** (1058 m) und der Pré aux Planes (1151 m). Hinter der Combe Conrad (1132 m) geht es dann nach rechts auf einem Teersträßchen an Ferienhäusern und dem Golfhotel vorbei zur **Chaumont-Bergstation** (1087 m, 2:15 Std.) der Drahtseilbahn (Funiculaire). Das Aussichtstürmchen daneben hat regelrecht orientalische Züge, erinnert stark an ein Minarett und liefert zwar keine exotische, dafür eine märchenhafte Aussicht auf die Alpenkette. Eine Schautafel an der Bergstation weist auf den **Sentier du Temps** hin. Der mit blau und Ammonitsymbol markierte Lehrpfad ist mit 17 Holzskulpturen versehen, die die typischen Lebewesen des jeweiligen Erdzeitalters darstellen, das symbolisch durchschritten wird. Nach wissenschaftlichen Erkenntnissen ist unser Sonnensystem vor rund vier Milliarden Jahren entstanden. Demzufolge entspricht jeder gewanderte Meter auf dem 4,5 Kilometer langen Wanderweg einer Million Jahre der Erdgeschichte. Die gewaltige Zeitspanne von der Entstehung des Sonnensystems bis zur Geburt der ersten Lebewesen wird mit einer Wanderstunde demonstriert. Da taucht der erste Saurier auf, Hererasaurus. Der Weg endet bei den Menschen, in diesem Fall bei einem berühmten Dichter, dem das **Centre Dürrenmatt** (3:30 Std.) gewidmet ist. Das wuchtige, von Mario Botta erbaute Gebäude wird als Forschungszentrum und Museum genutzt.

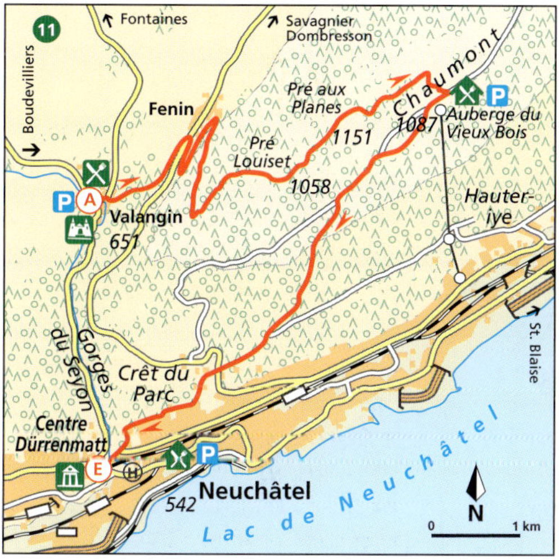

12 Tête de Ran – Mont Racine

Genusstour fürs Auge: Tête de Ran – Mont Racine – La Tourne – Les Tablettes – Rochefort – Chambrelien

mittel

16 km

4 Std.

↑118 m
↓910 m

Tourencharakter: Gemütliche Höhenwanderung ohne nennenswerte Anstiege mit viel Ausblick. Ein Steilabstieg am Schluss. Kann gut mit einer Anschlusstour zum Creux du Van verbunden werden.
Beste Jahreszeit: Frühling bis Spätherbst.
Ausgangspunkt: Parkplatz am Tête de Ran (1325 m).
Endpunkt: Bahnstation Chambrelien (630 m).
Wanderkarte: Wanderkarte 1:60 000 Chasseral-Neuenburg-Val de Travers-Ste-Croix, Kümmerly+Frey.
Markierung: Gelb-rote Raute, Hinweisschilder.
Verkehrsanbindung: Autobahn von Neuchâtel Richtung La Chaux-de-Fonds, ab Ausfahrt Vue des Alpes 10 km bis zum Pass, dann nach links 2,5 km bis zum Parkplatz Tête de Ran. Busverbindung La Chaux-de-Fonds – Vue des Alpes, dann zu Fuß 40 Min. zum Tête de Ran.
Variante: Die Fortsetzung auf dem Jurahöhenweg von Les Tablettes bis Noiraigue benötigt 2 1/2 Std.
Einkehr: La Grande Sagneule (1313 m), Tel. 032/855 11 74.
Unterkunft: Hôtel La Clef des Champs (1325 m), Tel. 032/853 57 78, Fax 853 59 01, E-Mail: Neuchhotel2002@bluewin.ch, das sympathische Hotel ist auch Tourenveranstalter für MTB, Wanderungen, Schneeschuh-Touren, etc; Hôtel de la Tourne (1129 m), Tel. 032/855 11 50.
Tourist-Info: Neuchâtel Tourismus Berggebiet, Espacité 1, CH-2300 La Chaux-de-Fonds, Tel. 032/919 68 95, Fax 919 62 97, E-Mail tourisme.montagnes@ne.ch, Internet www.ne.ch/tourism

Blick vom Mont Racine in das Hochtal von Sagne

Beschauliches Gratwandern in grenzenloser Aussicht verspricht diese Teiletappe des Jurahöhenweges über die langgezogene Kette des Mont Racine.

Der Wegverlauf

Vom Parkplatz am Hotel La Clef des Champs klettert der Jurahöhenweg (chemin des crêtes) in Serpentinen den steilen Wiesenhang hinauf und erreicht den Gipfel des **Tête de Ran** (1422 m, 10 Min.). War das Panorama vom Hotel schon prächtig, öffnet sich hier der Blick über die Jurawellen bis hinüber nach Frankreich, die Stadt zu Füßen ist La Chaux-de-Fonds. Auf breiten Wegspuren an zwei Skiliften vorbei, in einen Pfad leicht bergan. Nach einem

12

kleinen Wäldchen beherrscht der Ausblick wieder die Kammroute und führt über das weite Wiesenplateau von Grandes Pradières Dessus (1365 m). An den zwei Alphäusern vorbei zieht sich der Pfad durch karstiges Gelände zum höchsten Punkt dieser Tour, auf den **Mont Racine** (1439 m, 1:10 Std.) mit großem trigonometrischem Zeichen. Fantastisch die Alpenschau und der Tiefblick in das Tal von Sagne. Ein kurzes Stück wird noch dem Grat gefolgt, dann geht es nach rechts durch einen Mauerdurchgang abwärts bis zur Ferme von **Grande Sagneule** (1313 m), einem dieser prächtigen Jurahöfe, in denen auch gut gespeist werden kann. Weiter gehen wir die nur anfangs geteerte private Zufahrtsstraße talabwärs zum Hof **Petite Sagneule**. Kurz dahinter rechts durch den sumpfigen Wiesenboden in ein Wäldchen hinauf, dann über eine Weide am Hof **Petit Coeurie** vorbei hinunter nach **La Tourne** (1129 m, 2:20 Std.). Wir queren die Passstraße und wandern geradeaus zur Felskanzel von **Les Tablettes** (1230 m; 2:45 Std.) mit Panoramatafel. Ergreifend der Tiefblick. Hinter dem Neuenburger See türmen sich die Alpen. Nach rechts schweift der Blick in das Val de Travers, über den Creux du Van (Tour 13) zum Chasseron (Tour 15). Nun wird der Jurahöhenweg verlassen, über einen steilen Serpentinenpfad gegen Osten durch Wald zum Dörfchen **Rochefort** (759 m; 3:30 Std.) abgestiegen und über einen Fußweg die Bahnstation von **Chambrelien** (630 m, 4 Std.) erreicht.

13 Creux du Van

Wilde Schlucht und Felsenzirkus: Champ du Moulin – Gorges de l'Areuse – Ferme Robert – Creux du Van – Ferme du Soliat – La Banderette – Travers

anspr.

14 km

5 Std.

↑846 m
↓759 m

Tourencharakter: Spektakuläre Schlucht- und Höhenwanderung zu einem Naturdenkmal. Teilweise rutschige Wege und steile Abschnitte, Trittsicherheit erforderlich. Wer die Areuse-Schlucht länger genießen möchte, startet von Boudry. Dann verlängert sich die Tour um zwei Stunden.
Beste Jahreszeit: Frühling bis Spätherbst, im Winter herrliches Langlauf- und Schneeschuhgebiet.
Ausgangspunkt: Champ du Moulin (648 m).
Endpunkt: Travers (735 m), 14 km von Champ du Moulin entfernt.
Wanderkarte: Landeskarte der Schweiz 1:50 000, Blatt 241T Val de Travers oder 1:25 000, Blatt 1163 Travers.
Markierung: Gelbe Raute, gelbe Wegweiser.
Verkehrsanbindung: Anfahrt von Neuchâtel N 10 Richtung Pontarlier, hinter Rochefort Abzweig links steil nach Champ du Moulin hinunter. Parkplatz am Naturschutzzentrum. Regionalzüge von Neuchâtel nach Champ du Moulin und Travers.
Variante: Der Felsenzirkus kann auch als Rundtour von der Ferme Robert (Zufahrt von Noiraigue 3 km) angegangen werden. Abstieg über den sehr steilen Sentier des 14 Contours und Les Oeuillons: 7 km, 3 Std.
Einkehr: Hôtel de la Truite (617 m) in Champ du Moulin, Tel. 032/855 11 34.
Unterkunft: Ferme Robert (972 m), Tel. 032/863 31 40; Ferme du Soliat (1382 m), Tel. 032/863 31 36; La Banderette (1061 m), zu vermieten nur an Selbstversorgergruppen, Tel. 032/863 22 84; Hôtel-Restaurant Crêt-de-l'Anneau in Travers, Tel. 032/863 11 78.
Tourist-Info: Verkehrsbüro-Centre sportif, CH-2108 Couvet, Tel. 032/889 68 96, Fax 889 62 90, E-Mail tourisme.val-de-travers@ne.ch, Internet www.vdt.ch

Der Creux du Van im Val de Travers

Das von der Areuse durchflossene Val de Travers bildet ein langgezogenes Transversaltal zwischen Neuchâtel und →Pontarlier und ist die wichtigste Verbindungstrecke vom Schweizer Mittelland nach Frankreich. Wer da schnell hindurchreist, dem bleibt eine Menge verborgen. Abseits der Schnellstraße kleine verschlafene Dörfchen, wie →Môtiers, mit kulturellen wie landschaftlichen Sehenswürdigkeiten. Am östlichen Talende verbirgt die waldige Felsenkrete des Eselrückens (Dos d'Âne) das gewaltigste Naturdenkmal der Schweiz, die U-förmige Felsenarena des Creux du Van, bevor das Tal sich zur großartigen Areuse-Schlucht verengt und der Fluss wildschäumend durch das Trou de Bourgogne brodelt, wie die Einheimischen den Durchbruch der Ju-

13

Tipp

Eine interessante Führung unter Tage, ins Stollenlabyrinth einer ehemaligen Asphaltmine, bietet sich bei La Presta an. Das **Bergwerk** zwischen Travers und Couvet war einst Europas bedeutendster Asphaltlieferant. Ab 1830 wurde hier der Rohstoff abgebaut. Im Laufe der Zeit entstanden über 100 Kilometer Stollen durch den bitumenhaltigen Kalk. Wegen Erschöpfung der Vorräte musste der Betrieb dann 1986 eingestellt werden. Heute ist das Areal als Schaubergwerk eingerichtet mit kleinem Museum und Restaurant. Der besondere Gag auf der Speisekarte: in Asphalt gekochter Schinken. Führungen April – Mitte Okt., tgl. 10 und 14 Uhr, Juli/August auch 12 und 16 Uhr, 21. Okt.–Ende März, So 10 und 14 Uhr, Tel. 032/863 30 10.

rafalte nennen, durch den man ins Val de Travers gelangt. Auf einem malerischen Pfad kann nun die Schlucht durchwandert werden, verbunden mit einem Aufstieg zum Creux du Van eine der eindrücklichsten Wanderungen des Schweizer Jura.

Der Wegverlauf

Vom Bahnhof **Champ du Moulin** (648 m) über die Gleise nach rechts hinunter zum Naturschutz-Informationszentrum (617 m, geöffnet Sa/So 10–17 Uhr, Mitte Mai – Mitte Sept.) und dem Nordufer der Areuse folgen. Am Kraftwerk geht der Fahrweg in einen Feldweg über und erreicht schon bald den engsten und wildesten

Käsefondue ist die Spezialität der Ferme du Soliat.

13

Teil der Areuse-Schlucht. Wildromantisch wölbt sich die Natursteinbrücke **Saut de Brot** (651 m, 30 Min.) über das stiebende Wasser, und jenseits überwinden Treppen die enge Klamm. Kurz dahinter nach links in Serpentinen steil durch Wald empor. Hier und da wird die Zufahrtstraße zur Ferme Robert gekreuzt oder ihr ein Stück gefolgt. Ganz plötzlich öffnet sich der Wald zu einer verwunschenen Lichtung mit der **Ferme Robert** (972 m, 1:15 Std.) im Talboden des Felsenkessels Creux du Van. Das typische Bauernhaus aus dem Jahre 1750 ist heute ein rustikales Gasthaus mit Übernachtungsmöglichkeit. Über dem Eingang hängen zwei Bärentatzen. Erinnerung an den letzten Petz, der hier 1757 von Daniel Robert erlegt worden war. Beachtenswert auch die zwei großen Findlinge, die der eiszeitliche Rhonegletscher aus dem Wallis hierher transportiert hat. Über den breiten Wanderweg steuert man nun direkt auf die senkrechten Felswände zu, wird aber schon bald wieder von Wald verschluckt. Hinter der Fontaine Froide (»Kalter Brunnen«, 1126 m), einer gefassten Sickerquelle, die bei den Einheimischen als heilsam gilt, wird's erst richtig steil. Der Sentier du Single (Dialektwort von sanglier = Wildschwein), ein Zickzackpfad, treibt den Schweiß aus den Poren. Hat man die Höhe erklommen, sind es nur noch ein paar Meter nach rechts, und man schaut in ein unvergleichliches Naturwunder hinab. Über hundert Meter stürzen gebänderte Kalkwände im Halbrund senkrecht in die Tiefe. Ein schwin-

Erster Rastplatz für Schwindelfreie kurz nach dem Sentier du Single.

13

delndes Gefühl, an der Abbruchkante dieses spektakulären Felsenkessels zu stehen. Ein Fernglas ist nützlich, wenn man die Gämsen und Steinböcke beobachten will, die sich mitunter am Fuße der Wände tummeln. Über den höchsten Punkt **Le Soliat** (1463 m) am Rande des Kraters entlang. Etwa auf halber Strecke befindet sich der **Falkenhorst**, eine kleine Plattform, gern genutzt auch als Echo-Felsen. Der Ausblick schweift über den tiefen Einschnitt der Areuse-Schlucht nach Norden und zur Hochebene von Ponts-de-Martel. Am westlichen Ende des Halbrunds geht es zur **Ferme du Soliat** (1382 m, 3 Std.). In der urigen Bergwirtschaft hängen die Würste von der Decke, prasselt das Kaminfeuer und zwischen knarzenden Dielen lässt sich ganz vorzüglich Fondue essen. Vom Haus nach rechts durch das Viehgatter in den Wald, bis ein Hinweisschild in Richtung Travers weist. Diesem nach rechts abwärts gegen Westen, dann gegen Süden folgen, bis der Wald (Bois des Lacherels) sich bei **La Banderette** (1061 m) wieder öffnet und freien Blick auf das Val de Travers gewährt. Das stattliche Jurahaus des Club Jurassien kann von Selbstversorgern gemietet werden, beherbergt aber auch ein Museum zur hiesigen Fauna und Flora (geöffnet Mai–Okt. 8–18 Uhr). Dem Feldweg kurz nach rechts folgen, nach links durch ein Viehgatter über die Weide zum Hof **Haut de la Côte** (1025 m) absteigen und nach links wieder in den Wald, zuletzt über offenes Gelände nach **Travers** (735 m, 5 Std.).

14 Saut du Doubs

Ein wilder Wasserfall und viele Belvedere: Les Brenets – Saut du Doubs – Roches de Moron – Les Recrettes – Les Brenets

mittel

14 km

4 Std.

↑340 m ↓340 m

Tourencharakter: Fluss- und Bergwanderung zum größten Teil auf schattigen Waldpfaden mit einem Steilaufstieg.
Beste Jahreszeit: Frühling bis Spätherbst.
Ausgangs-/Endpunkt: Les Brenets (849 m), 6 km von Le Locle.
Wanderkarte: Landeskarte der Schweiz 1:50 000, Blatt 231T Le Locle.
Markierung: Gelbe Raute, Hinweisschilder.
Verkehrsanbindung: Autobahn Neuchâtel–La Chaux-de-Fonds, dann über Le Locle nach Les Brenets. Wanderparkplatz (Parc de la Crête, 869 m) in der Spitzkehre vor dem Ort oder an der Schiffsanlegestelle. Bahnanschluss.
Variante: Von Mai bis Oktober verkehren zwischen Les Brenets und dem Hôtel du Saut Ausflugsboote.
Einkehr: Restaurant du Saut; Café Semeuse, Tel. 032/926 44 88.
Unterkunft: Hotels in Les Brenets.
Tourist-Info: Neuchâtel Tourismus Berggebiet, Rue Daniel-Jean Richard 31, CH-2400 Le Locle, Tel. 032/931 43 30, Fax 931 45 06, E-Mail tourisme.montagnes@ne.ch

Der gewundene Lauf des →Doubs, der die Schweiz von Frankreich trennt, zählt zu den malerischsten Landstrichen des Jura. Besonders zauberhaft zeigt er sich im Bereich der gestauten Seen des Lac de Brenets und des Lac de Moron. Dazwischen liefert er mit dem Saut du Doubs ein donnerndes Spektakel, stürzt sich als imposanter Wasserfall über eine 27 Meter hohe Steilstufe. Die erste Hälfte verläuft als beschauliche Flusswanderung, die zweite Hälfte ist dann den Aussichtspunkten gewidmet, die gewaltige Tiefblicke auf den Slalomlauf des Flusses freigeben.

Eine der vielen markanten Doubsschleifen vom Belvédère de CAS aus gesehen.

Der Wegverlauf

Von **Les Brenets** (849 m) geht das geteerte Waldsträßchen hoch über dem östlichen Ufer des Doubs bis zum Hôtel du Saut. In der Rechtskehre davor bietet sich ein herrlicher Ausblick auf den gestauten Lac de Brenets. Am Hôtel du Saut hat man die Höhe des Wasserspiegels erreicht. Hier legen auch die

14

Ausflugsboote von Les Brenets an. Die Route setzt sich auf dem »Chemin de Moron« fort, zweigt in Kürze jedoch nach links ab zum gewaltigen Wasserfall des **Saut du Doubs** (736 m). Von dort weiter hinauf zu einem Picknickplatz mit Aussichtspunkt und dann nach links. Der Chemin de l'Entre-Roches bringt einen wieder ans Flussufer. Nach zwei Felsschneisen wird es wildromantisch, windet sich der teilweise gesicherte Pfad durch mehrere Tunnels und felsiges, vermoostes Gelände. Der Doubs ist nun wieder träge und breit als gestauter Lac de Moron. Bevor die Staumauer jedoch erreicht ist, steigt man nach rechts steil auf, quert zwei Forstwege und stößt kurz vor der Hochebene schon auf ein erstes gewaltiges Belvedere. Weiter am waldigen Grat gegen Osten zum Aussichtspunkt **Roches de Moron** (1076 m; 2 Std.) mit dem Restaurant Semeuse. Etwas oberhalb ein vorbildlicher Grillplatz mit Blockhaus. Dahinter dem Forstweg nach rechts folgen, der zum Belvedere des CAS (bester Ausblick!) führt. Der breite Weg wird zum schmalen Pfad und quert einen fast schon senkrechten Abgrund (Trittsicherheit! Zwei rutschige Holzbrücken). Im waldigen Steilhang halten sich gerne Gämsen auf. Vom **Belvedere des Recrettes** (1074 m; 3 Std.) nach links zunächst am Waldrand entlang, dann geht es über Wiesen zu den Häusern von Les Recrettes (1065 m). Unterhalb des Weilers rechts entlang einer Trockenmauer, dann wieder rechts durch das Hofgelände von Cernil Girard. Der geteerten Straße bis zum Linksknick folgen, dort rechts über Vauladrey (954 m) zum **Tête de Calvin** (860 m) absteigen, noch ein hübscher Aussichtspunkt mit Picknickplatz. An der Wegegabelung nach links zurück nach Les Brenets (4 Std.).

15 Poeta Raisse – Chasseron

Durch mystische Welten am höchsten Berg des Neuenburger Jura: Môtiers – Poeta Raisse – Chasseron – Ste-Croix

anspr.

18 km

5 Std.

↑869 m
↓520 m

Tourencharakter: Aussichtsreiche Höhenwanderung mit Aufstieg durch eine bezaubernde Waldschlucht.
Beste Jahreszeit: Frühling bis Spätherbst.
Ausgangspunkt: Môtiers (737 m).
Endpunkt: Ste-Croix (1086 m).
Wanderkarte: Landeskarte der Schweiz 1:50 000, Blatt 241T Val de Travers,
Markierung: Gelbe, später gelb-rote Raute, Hinweisschilder.
Verkehrsanbindung: Môtiers liegt zwischen Couvet und Fleurier abseits der N10 im Val de Travers. Ste-Croix ist Endstation der Schmalspurbahn von Yverdon. Von Ste-Croix zurück nach Môtiers: Bus bis Buttes, dann Zug.
Einkehr: La Grandsonne Dessus (1538 m), Mitte Mai bis Mitte Okt., Di geschl., Tel. 024/454 23 62; Les Avattes (1458 m), Do Ruhetag, Tel. 024/454 36 83.
Unterkunft: Le Château de Môtiers (844 m), Tel. 032/861 17 30; Hôtel du Chasseron (1606 m), Tel. 024/454 23 88; sowie Unterkünfte in Ste-Croix.
Tourist-Info: Office du Tourisme, CH-1450 Ste-Croix, Tel. 024/454 27 02, Fax 454 32 12, E-Mail ot@ste-croix.ch, Internet www.ste-croix.ch

Sie gilt als die schönste Schlucht des Schweizer Jura – die Poeta Raisse. Schon Jean-Jacques Rousseau wurde durch sie zu dem damals noch revolutionären Gedanken »Zurück zur Natur« inspiriert, den er in seiner Schrift »Einsame Spaziergänge« festhielt. Der Poet und Philosoph, der als politischer Flüchtling zwischen 1762 und 1765 in →Môtiers weilte, hat der Schlucht allerdings nicht zu ihrem Namen verholfen. Dieser setzt sich aus zwei Dialektwörtern zusammen: »pouetta« (Vogelbeerbaum) und »raisse« (von Wasser durchlaufener Engpass). In Jahrtausenden hat der Fluss Bied hier eine tiefe Schlucht gegraben, die erst 1874 durch zahlreiche Stege, Brücken und Treppen passierbar gemacht wurde, um auf die Höhenzüge des Waadtländer Jura zu gelangen. Höhepunkt dort ist der Chasseron als überwältigende Panoramaloge.

Ort der Kraft: Der Friedensstein am Chasseron

Der Wegverlauf

Von **Môtiers** steigt man entweder über das Vieux Châteaux auf, oder man wandert die Dorfstraße gen Osten zum großen Wanderparkplatz (757 m). Am Westufer des Baches aufwärts bis zum dramatischen Engpass voll sprühender Wasserfälle, der über Stege und glitschige Treppen gemeistert wird.

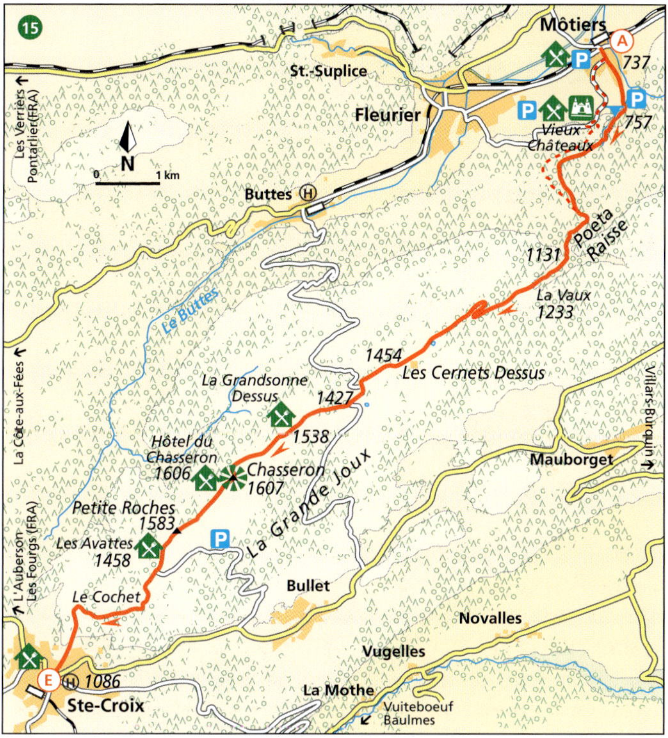

15

Am Ausgang der **Poeta Raisse** (1131 m) folgen wir weiter dem Bach. Hinter der Lichtung von La Vaux nach rechts den Wiesenhang schräg aufwärts in den Wald auf einen Forstweg, der in ein langgezogenes Wiesentälchen führt. Weiter am Hof Cernets Dessus vorbei zur Straße. Dieser nach links bis zur nächsten Kehre (1427 m) folgen und rechts in den gelb-rot markierten Jurahöhenweg einbiegen. Der Gipfel des **Chasseron** (1607 m) mit großem trigonometrischen Zeichen ist nicht zu verfehlen. Direkt am Höhenweg, etwa 100 Meter südlich unterhalb des Gipfel-Hotels liegt der **Friedensstein**, ein vom Rhonegletscher geschliffener Findling, mit den eingemeißelten Symbolen der Weltreligionen. Er gilt als Kraftort, denn ungewöhnlich hohe Strahlung (höher als in Santiago de Compostela) wurde gemessen. Der Höhenweg zieht sich weiter den Grat entlang, steigt dann hinunter über **Les Avattes** (1458 m) und erreicht schließlich →**Ste-Croix** (5 Std.).

16 Romainmôtier – Orbe

Kloster und Klamm: Romainmôtier – Les Clées – Gorges de l'Orbe – Grottes de Montcherand – Orbe

mittel

13 km

3 1/2 Std.

↑54 m
↓236 m

Tourencharakter: Vom Kulturbummel zur Klammwanderung auf gemütlichen Wegen, überwiegend durch Wald ohne große Auf- und Abstiege.
Beste Jahreszeit: Das ganze Jahr über.
Ausgangspunkt: Romainmôtier (661 m).
Endpunkt: Orbe (479 m).
Wanderkarte: Wander- und VTT-Karte 1:25 000 Les 3 Vallons, MPA-Verlag.
Markierung: Gelbe Raute, Hinweisschilder.
Verkehrsanbindung: Anfahrt von der A1 via La Sarraz oder über die A9 via Orbe; Bahnanschluss bis Croy, Busverbindung ins 1,5 km entfernte Romainmôtier. Bahnanschluss in Orbe.
Variante: Rückwanderung von Orbe über den Süduferweg bis La Tufière (520 m), dann über Bois là Bas und Bretonnières bis Romainmôtier: 2 1/2 Std. zusätzlich.
Einkehr/Unterkunft: Mehrere Möglichkeiten in Romainmôtier, empfehlenswert: Au Lieutenant Baillival** am Marktplatz, Tel. 024/453 14 58; weitere Unterkünfte in Orbe und Agiez.
Tourist-Info: Accueil La Porterie, CH-1323 Romainmôtier, Tel. 024/453 14 65, Fax 453 14 86, E-Mail tourisme@romainmotier.ch, Internet www.romainmotier.ch; Office du Tourisme d'Orbe, Rue de la Poste 2, CH-1350 Orbe, Tel./Fax 024/441 52 66, E-Mail tourisme@orbe.ch, Internet www.orbe.ch/tourisme

Die Klosteranlage von Romainmôtier

Das historische Städtchen Romainmôtier beherbergt die älteste Klosteranlage der Schweiz. Im 10./11. Jh. erbaute Odilo von Cluny die Abtei St-Pierre et St-Paul, von der noch die Reste der Klosterumfriedung und die romanische Kirche stehen, die zu den bedeutendsten Sakralbauten der Schweiz zählt (geöffnet tgl. 7–18 Uhr, Tel. 024/453 14 65). Das Innere birgt neben sehenswerten Fresken den berühmten Ambo, ein Altarpult aus dem 8. Jh. Auch Orbe rühmt sich einer geschichtsträchtigen Vergangenheit. Aus dem römischen Urba hervorgegangen, kamen im Mittelalter die Burgunder und machten ihn zu ihrem Hauptort, der weithin sichtbar auf einem Felssporn über dem flachen Mittelland thront.

Der Wegverlauf

Wir gehen die Hauptgasse von **Romainmôtier** bis zum Abzweig der Straße nach Croy. Hier nach links in den Wald Bois de

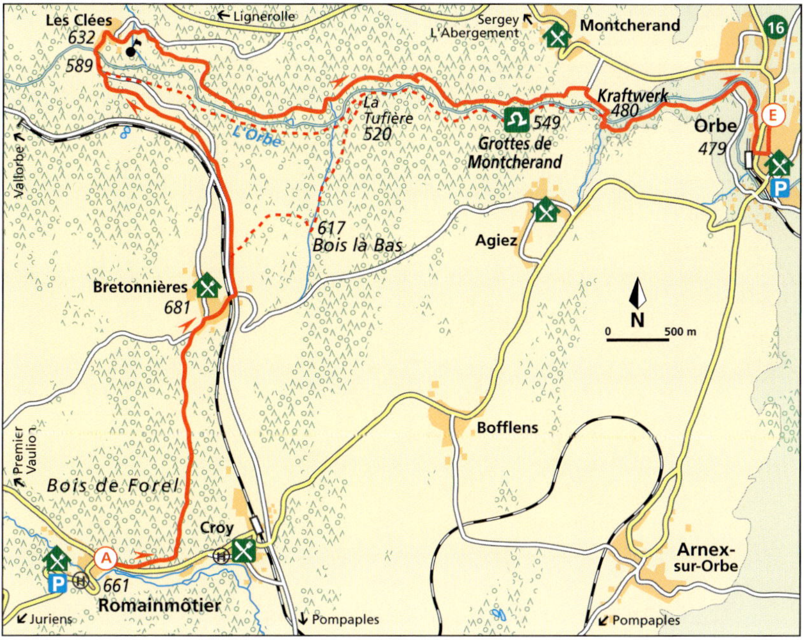

Forel aufsteigen. Kurz vor dem Dorfkern von **Bretonnières** (681 m) geht es nach rechts zu den Bahngleisen hinunter und jenseits gegen Norden folgen wir dem Fußgängerweg längs der Straße. Am ersten Teersträßchen nach rechts und den Wanderpfad links parallel dazu hinunter über eine Brücke (589 m) nach **Les Clées** (632 m, 1:15 Std.) nehmen. Die ehemalige Stadtfestung Les Clées beherrschte einst den Durchgang nach Frankreich, jedoch wurde das Städtchen 1475 von den Eidgenossen zerstört. Einziger Überrest ist ein massiger Wohnturm. Durch Wald und Wiesen in östlicher Richtung gegen die **Schlucht**. Vom breiten Forstweg folgt man schließlich dem schmalen Waldpfad hoch über der **Orbe**, die sich tief in den Kalkstein gefressen hat. Unterwegs tauchen immer mal wieder Höhlenschlitze und Grotten auf. Auch jenseits des Flusses gibt es einen idyllischen Klammweg, der auf etwa halber Strecke mit diesem hier zusammenstößt. Hinter dem Kraftwerk von **Montcherand** (480 m) auf die andere Uferseite wechseln und weiter dem Fluss entlang bis **Orbe** (3:30 Std.).

17 Dent de Vaulion

Highlights am Lac de Joux: Le Pont – Dent de Vaulion – L'Abbaye – Le Pont

mittel
15 km
4 1/2 Std.
↑ 474 m
↓ 474 m

Tourencharakter: Beliebte Bergwanderung auf gut markierten Pfaden mit viel Aussicht.
Beste Jahreszeit: Frühling bis zum ersten Schneefall.
Ausgangs-/Endpunkt: Le Pont (1008 m).
Wanderkarte: La Vallée de Joux, 1:25 000, MPA Verlag.
Markierung: Gelbe Raute, Hinweisschilder.
Verkehrsanbindung: Zufahrt von der A 1 bei Yverdon auf die A 9 via Vallorbe bis Le Pont (Bahnanschluss).
Variante: Die Wanderung kann auch von Vallorbe (Bahnanschluss) über die Grotten gestartet werden. Dann erhöht sich die Wanderzeit um 1 1/2 Std. mit Endziel Le Pont.
Einkehr: Restaurant Chalet de la Dent-de-Vaulion (1487 m), Mitte Mai bis Ende Okt., Tel. 021/843 28 36.
Unterkunft: Hôtel de la Truite***/ Le Pont, Tel. 021/841 17 71; Cabane de Vallorbe, Skiclubhütte, Tel. 021/ 843 12 38, Schlüssel im Restaurant nebenan.
Tourist-Info: Vallée de Joux Tourisme, Centre Sportif, CH-1347 Le Sentier, Tel. 021/845 17 77, Fax 021/845 50 08. E-Mail info@valleedejoux.ch, nternet www.myvalleedejoux.ch; Office du Tourisme de Vallorbe, Tel. 021/843 25 83, E-Mail contact@orbe.ch, Internet www.vallorbe.ch

Die Landschaft des Vallée de Joux, karg und abgeschieden, passt nicht so recht zur sonst gewohnten Natur der Schweiz. Eher fühlt man sich in den hohen Norden versetzt. Wie ein steiler Zahn ragt der Dent de Vaulion aus den waldigen Höhenzügen heraus und liefert eine dankbare Gipfeltour. An seinem Fuß glitzern verträumt die Seen des Lac de Joux und Lac Brenet und laden abschließend zum kalten Bad ein.

Der Wegverlauf

Le Pont am Lac de Joux

Vom Bahnhof von Le Pont folgen wir der Uferstraße entlang durch den Ort, bis links gegen Osten der Wanderweg abzweigt, der nach **Sagne Vuagnard** (1068 m) aufsteigt. Nun nach rechts auf dem gelbrot markierten Jurahöhenweg bis zur nächsten Wegegabelung (1141 m). Nach links via Petite Dent-Dessous (1194 m) über Weiden mit lichtem Baumbestand in

17

Special

Auffallend ist, dass weder der Lac de Joux noch der Lac Brenet einen oberirdischen Abfluss haben. Ihr Wasser versickert im porösen Kalkgestein, sucht sich seinen Weg durch die Unterwelt, um 240 Meter tiefer bei den Grottes de l'Orbe im Talkessel von →Vallorbe mit aller Wucht wieder ans Tageslicht zu treten. Ein Teil des weitverzweigten Höhlensystems kann besichtigt werden und zeigt, zu welch faszinierenden Gebilden die Wasserkraft fähig ist. Bemerkenswert auch der **»Schatz der Feen«**, eine Mineralienausstellung, die mit Lichteffekten gekonnt in Szene gesetzt ist. Juni–Aug. tgl. 9.30–17.30 Uhr, April/Mai/Sept./Okt. bis 16.30 Uhr, Tel. 021/843 22 74.

Serpentinen bergwärts zum **Chalet de la Dent de Vaulion** (1410 m). Vom beliebten Ausflugslokal sind es nur noch 15 Min. bis zum abgeflachten Gipfeldach des **Dent de Vaulion** (1482 m, 2 Std.), dessen Nord-und Westseite abrupt ins waldige Hochtal abstürzt und ihm so seine markante, weithin sichtbare Form verleiht. Eine Orientierungstafel klärt auf, welche Gipfel im Blickfeld stehen. Hier hat man eine herrliche Weitsicht über den Waadtländer Jura bis Frankreich, über die Ebenen zum Genfer See und Mont-Blanc-Massiv.

Zurück zur Bergwirtschaft und weiter auf der Zufahrtsstraße leicht bergab, bis sich vor der Linkskurve der Wanderweg zur Passstraße bei Pétra Félix (1144 m) fortsetzt. Dieses eine Stück unterhalb queren. Nun wieder auf dem Jurahöhenweg gegen Süden dem Teersträßchen Richtung Les Croisettes folgen, doch schon in Kürze nach rechts über einen Forstweg nach **L'Abbaye** (1008 m, 3:50 Std.) absteigen und auf dem idyllischen Uferweg zurück nach Le Pont (4:30 Std.).

18 Die Todesleitern

Verwegener Schmugglerpfad am Doubs: Biaufond – Échelles de la Mort – La Cendrée – Fournet-Blancheroche – La Rasse – Biaufond

mittel

15 km

5 Std.

↑400 m
↓400 m

Tourencharakter: Rundwanderung von der Flussidylle bis zur Hochlandweite, eine Leiternpassage überwindet dabei eine Steilstufe. Vorsicht, bei Nässe sehr rutschig.
Beste Jahreszeit: Frühling bis Spätherbst.
Ausgangs-/Endpunkt: Biaufond (611 m), Schweizer Weiler am gestauten Doubs, Parkplatz am gegenüberliegenden französischen Ufer.
Wanderkarte: Landeskarte der Schweiz 1:25 000, Blatt 1124 Les Bois; IGN-Karte 1:25 000, 3623 OT Maîche.
Markierung: Weiß-rot, gelb-blau, Hinweisschilder.
Verkehrsanbindung: Biaufond ist Zollstation an der Straße zwischen La Chaux-de-Fonds (CH) und Maîche (F). Busverbindung mit La Chaux-de-Fonds (Bahnhof).
Einkehr: In Biaufond, Les Chazeaux und in La Rasse.
Unterkunft: Hôtel-Restaurant Au Bois de la Biche (926 m), F-Tel. 03/81 44 01 82.
Tourist-Info: Office du Tourisme de Maîche, F-Tel. 03/81 64 11 88, E-Mail office.de.tourisme.maiche@wanadoo.fr, Internet www.maiche.free.fr

Wildromantischer Wanderpfad am Doubs

Auf der abwechslungsreichen Rundwanderung vom vermoosten Ufer-Dschungel am Grenzfluss →Doubs zum sanftgewellten Hochplateau überwinden die berüchtigten Todesleitern die senkrechten Kalkwände der Falaises de Cendrée. Les Échelles de la Mort, ein Name, der erschauern lässt, ein mystischer Ort voller Legenden und fataler Unfälle aus einer Zeit, als reger Schmuggel die Grenze zwischen Frankreich und der Schweiz beherrschte. Damals waren es keineswegs so stabile Leitern wie heute, sondern Holzstämme mit groben Stufenkerben, über die die Schmuggler bei Nacht und Nebel die schwindelnde Felsstufe überwanden, den Rucksack voll gepackt mit Mehl und Zucker, mit Kaffee und Tabak.

Der Wegverlauf

Vom Nordende des Parkplatzes dem schmalen Uferpfad folgen. Der Doubs ist hier zur Elektrizitätsgewinnung gestaut und wirkt breit und träge. An der Staumauer **Barrage du Refrain** (610 m) windet sich der weiß-rot markierte GR 5 ein geteertes Sträßchen hin-

auf. Schöner ist der Uferpfad, der an späterer Stelle wieder auf das Sträßchen mündet, das zum großen Parkplatz vor dem Refrain-Kraftwerk führt. Eine Informationstafel klärt über die Geschichte der Todesleitern auf. Der Zickzack-Pfad gewinnt im Wald rasch an Höhe, erklimmt dann über zwei lange Eisenleitern die Steilfelsen des Doubs. Hier werden wir durch einen herrlichen Ausblick über das Flusstal belohnt. Kurz hinter dem Belvedere verlässt man den GR 5 und folgt nach links der gelb-blauen Markierung. Hinter der Lichtung von Les Côtes (762 m) geht es auf einem breiten Forstweg nach links, bis das Hochplateau mit dem Gasthof **Au Bois de la Biche** (926 m) erreicht ist. Nun auf der Straße am Hof La Fauconnière vorbei zum Parkplatz von **Cendrée** (964 m), in den wir nach links einbiegen. Der kurze Abstecher zum Belvedere La Cendrée lohnt sich, doch auf der Tourenfortsetzung nach rechts kurz hinter dem Parkplatz gibt es einen vergleichbaren Aussichtspunkt, das Belvedere **Sur les Roches** (990 m) mit Panoramatafel und Sitzbank. Der Pfad schlängelt sich weiter an der waldigen Abbruchkante entlang, unterbrochen von Wiesen mit Weitblick übers Hochplateau, bis nach Fournet. Das verschlafene, hübsche Provinznest wird südöstlich gestreift. Ein absteigender Fußpfad kürzt die Serpentinen der Hauptstraße ab. Am Restaurant Les Chazeaux nimmt man die Straße geradeaus bis zum Ortsteil Blancheroche, wo der Wanderweg links nach **La Rasse** (628 m) zum Doubs hinunter führt. Nach dem steilen Abstieg wird es nun wieder eben. Auf dem GR 5 am Flussufer wandern wir zurück zum Parkplatz (5 Std.).

19 Notre-Dame-de-Consolation

Verborgene Idylle im Talschluss des Dessoubre: Notre-Dame-de-Consolation – Roche du Prêtre – Grande Cascade du Lancot – Notre-Dame-de-Consolation

leicht	
km	8 km
	3 1/2 Std.
	↑350 m ↓350 m
	ja

Tourencharakter: Fluss- und Belvederewanderung überwiegend auf Waldpfaden mit ein paar kurzen Steilstücken.
Beste Jahreszeit: Frühling bis Spätherbst, besonders gewaltig nach längeren Regenperioden.
Ausgangs-/Endpunkt: Notre-Dame-de-Consolation (502 m), 20 km nördlich von Morteau.
Wanderkarte: IGN-Karte 1:25 000, Blatt 3524 OT oder Landeskarte der Schweiz 1:50 000, Blatt 231T Le Locle.
Markierung: Gelb-blau, Hinweisschilder.
Verkehrsanbindung: Aus der Schweiz über La Chaux-de-Fonds oder von Besançon auf der D 461 bis zum Abzweig bei Fuans.
Variante: Zum Wandern mit Kindern sind auch mehrere kürzere Varianten möglich. Grande Cascade 2 km, Grande Grotte 3 km.
Einkehr: Restaurant La Roche du Prêtre, an der D 461, 1,5 km vom Aussichtspunkt, Tel. 03/81 43 52 69.
Unterkunft: in Fuans und Morteau.
Tourist-Info: Fondation du Val de Consolation, Tel. 03/81 43 54 71, Fax 81 43 56 39; Office de Tourisme, Place de la Halle, F-25500 Morteau, Tel. 03/81 67 18 53, Fax 81 67 62 34, E-Mail otsi.morteau@wanadoo.fr, Internet www.morteau.org

Der Talschluss der Dessoubre ist der nördlichste der spektakulären juratypischen Felsenkessel. Hinter der wuchtigen Wallfahrtskirche Notre-Dame-de-Consolation versteckt sich eine urwüchsige Traumwelt. Vermooste Baumriesen, feuchte Grotten, wilde Quellen und Kaskaden zwischen bizarren Felsformationen, dazu einmalige Aussichtspunkte. Der Cirque de Consolation ist ypsilon-förmig ausgebildet. Im westlichen Halbrund sprudelt der Dessoubre aus der Felswand, im östlichen entspringen

Das faszinierende Wasserspiel der Dessoubre

mehrere Quellen. Vor allem der Lancot bietet mit seiner Grande Cascade ein gewaltiges Naturschauspiel.

19

Der Wegverlauf

Von der Schautafel am **Klosterplatz** geht es auf einem breiten Waldweg am Ufer entlang, dann über die Brücke zu einer lauschigen Grotte mit Madonnenfigur und Sitzbänken. Weiter am Ufer aufwärts bis zum Zusammenfluss zweier Bäche. Hier wandern wir links über die Brücke der Source Noir und steigen zur **Grande Grotte** (602 m) auf. Weiter entlang einer felsigen Rippe zur Wegverzweigung oberhalb des Hofes von La Scie Dessus. Links führt uns der Weg zum berühmten **Roche du Prêtre** (844m, 1:30 Std.). Von der Aussichtsplattform bietet sich ein überwältigender Blick über die üppig grünen Juraplateaus und in den tiefen Felsenkessel des Cirque de Consolation. Auf gleichem Weg zurück bis zum Hof von **La Scie Dessus** (670 m). Ein Stück rechts die Straße hinunter bis zu einem kleinen Parkplatz. Ein felsiger Pfad führt in Kürze zu den spärlichen Ruinenresten der Burg von **Châtelneuf** (650 m). Der kleine Felssporn gibt einen hübschen Blick auf das Kloster preis. Der Waldpfad setzt sich gegen Osten fort und gibt uns am **Roche de Sainte-Catherine** (582 m) nochmals eine gute Aussicht auf das herrschaftliche Kloster. Am scharfen Rechtsknick des Weges erneut ein Belvedere, dann geht es wieder hinunter in den verwunschenen Waldtempel des Felsenkessels. Am Bach des Lancot laufen wir nach rechts über eine Brücke hinauf zur **Grande Cascade du Lancot** (555 m). Das wilde Spektakel donnernder Wasserkraft ist hier mehr als beeindruckend. Dem Flussufer entlang zurück zum Kloster (3:30 Std.).

20 Besançon

Bummel durch Vaubans imposante Zitadellenstadt: Besançon – Uferpromenade – Vaubanhügel – Besançon

leicht
6 km
2 Std.
↑118 m ↓118 m
ja

Tourencharakter: Stadt- und Festungsspaziergang, ein kurzes Steilstück auf den Vaubanhügel.
Beste Jahreszeit: Das ganze Jahr über; am schönsten, wenn es blüht.
Ausgangs-/Endpunkt: Besançon (272 m).
Wanderkarte: Stadtplan, kostenlos mit dt. Erläuterungen im Touristenbüro und in der Zitadelle erhältlich.
Markierung: Braune Hinweisschilder zu Sehenswürdigkeiten.
Verkehrsanbindung: Besancon ist ans internationale Straßen- und Bahnnetz angeschlossen.
Einkehr: Unzählige Möglichkeiten.
Unterkunft: Die attraktivste, ruhig gelegen und doch mitten in der Altstadt: Hôtel Castan, 6, square Castan, Tel. 03/81 65 02 00.
Tourist-Info: Office du Tourisme, Place de la 1re Armée Française, F-25000 Besancon, Tel. 03/81 80 92 55, Fax 81 80 58 30.

→Besançon, die Hauptstadt der Franche-Comté, besticht durch die außergewöhnliche Gesamterscheinung ihrer Altstadt, die fast ganz umschlossen wird von einer extremen Flussschleife des Doubs. Blaugraue Steinfassaden stattlicher Laubenhäuser aus dem 17. Jh. säumen die Ufer und Straßen. Im Südosten riegelt ein gewaltiger Felsen die Stadt vom Hinterland ab. Auf ihm hat Vauban eine der imposantesten Festungsanlagen Frankreichs errichtet.

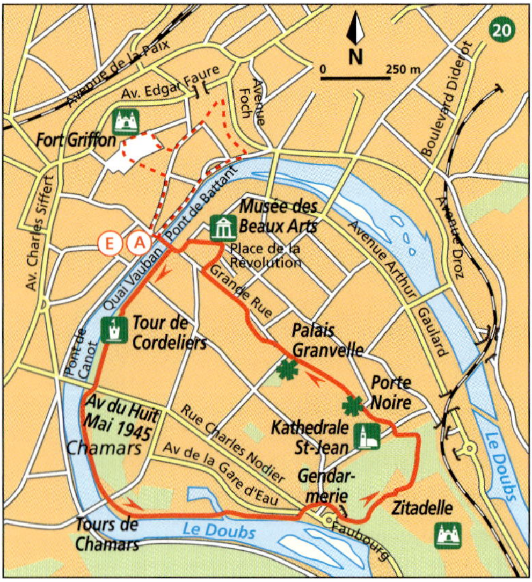

Der Wegverlauf

Startpunkt ist die **Pont de Battant**. Zunächst wandern wir auf dem Quai Vauban am orographisch linken Doubsufer entlang. Man passiert die Tour des Cordeliers und erreicht die Pont de Canot. Hier beginnt der idyllischste Teil der Stadt, die **Promenade Vauban**, ein Fußweg durch die Grünanlagen längs des Ufers. Hinter der Tours de Chamars ist ein hübscher Garten angelegt.

20

Besancon, Zitadellenstadt am Doubs

Am Faubourg Tarragnoz ist dann der Uferweg zu Ende. Nun über die Straße und an der Gendarmerie rechts die Treppen hoch. Ein Fußweg führt an der Festungsmauer (mit Picknick- und Aussichtsplätzen) steil auf den Vaubanhügel hinauf. Ein Rundgang durch die mächtige **Zitadelle** mit mehreren Museen braucht seine Zeit. Grandios ist vor allem die Runde über die Wehrgänge mit ihren fantastischen Ausblicken auf die Stadt und die ausgeprägte Schleife des Doubs. Vom obersten Parkplatz führt ein Fußweg in die Altstadt. Vor den Treppen, die zur Tour Rivotte absteigen, bietet sich ein hübscher Blick auf die **Kathedrale St-Jean** (12. Jh.). Beachtenswert in ihrem Inneren sind besonders das berühmte Tafelbild der »Madonna mit Heiligen« von Fra Bartolomeo, 1512 in Rom gemalt, sowie ein Marmoraltar (Rose de St-Jean) in der Kapelle des linken Seitenschiffes. Im Kirchturm, befindet sich eine astronomische Uhr (1860), die zu jeder Stunde in Aktion tritt. Weiter abwärts durchschreitet man die Porte Noire (Schwarzes Tor), einen römischen Triumphbogen (2. Jh.) und gelangt zum **Square Castan**, ein romantisches Plätzchen mit efeuumrankten römischen Säulen und Resten eines Nymphäums (Brunnenanlage). Die Rue de la Convention wechselt in die **Grande Rue**. Die Einkaufsmeile hat einige bemerkenswerte Häuser zu bieten. Nr. 140 Victor Hugo's Geburtshaus, das Palais Granvelle mit Museum (durch den Innenhof geht es zur Promenade Granvelle, einer wahren Stadtoase), das Hôtel Terrier des Santans (Nr. 68) mit hübschem Innenhof. Die Rue Luc Breton führt zur Place de la Révolution. Der von alten Häusern und dem Kunstmuseum umsäumte Platz ist vor allem an Markttagen (Di/Fr vorm.) einen Besuch wert. Durch die Rue des Boucheries ist die **Pont de Battant** wieder erreicht (2 Std.).

21 Ornans

Auf den Spuren des Malers Courbet: Ornans – Château – Roche des Pins – Roche du Mont – Sentier de l'âne – Ornans

leicht

9 km

2 3/4 Std.

↑130 m
↓130 m

ja

Tourencharakter: Aussichtsreiche Rundwanderung mit zwei kurzen Steilstücken zu den Lieblingsplätzen des berühmten Malers Courbet.
Beste Jahreszeit: Frühling bis Spätherbst; am schönsten, wenn Markttag ist (jeden 3. Dienstag im Monat).
Ausgangs-/Endpunkt: Ornans (257 m).
Wanderkarte: IGN-Karte 1:50 000, Blatt 1-Zone Ouest Le Doubs oder 1:25 000, Blatt 3424 OT; Wanderfaltblatt mit lokalen Rundwanderungen im Touristenbüro erhältlich.
Markierung: Weiß-rot und gelb-blau, Hinweisschilder.
Verkehrsanbindung: Ornans liegt 22 km von Besançon entfernt an der D67, Busverbindung. Parkplatz La Corvée, Zufahrt vom westlichen Ortseingang nach links.
Unterkunft: Mehrere Hotels in Ornans.
Tourist-Info: Office de Tourisme, 7, rue Pierre Venier, F-25290 Ornans, Tel. 03/ 81 62 21 50, Fax 81 62 02 63, E-Mail otsi.ornans@wanadoo.fr

Dass → Ornans gerne als das Venedig des Jura angepriesen wird, mag etwas zu hoch gegriffen erscheinen, fließt doch nur die Loue durch das hübsche Nest. Nichtsdestotrotz prägt der Fluss das historische Stadtbild und macht es zu einem überaus reizvollen Kleinod. Malerisch schmiegen sich die alten, teilweise auf Pfählen erbauten Häuser dicht ans Ufer. Stolz ist Ornans vor allem aber auch auf seinen berühmtesten Bürger. Gustave Courbet, einer der bedeutendsten Maler des 19. Jarhunderts und Begründer des französischen Realismus, wurde 1819 hier geboren.

Ornans in Sonnenaufgangsstimmung

Special

21

Gustave Courbet war seiner Heimatstadt zeitlebens eng verbunden. Viele seiner berühmtesten Gemälde entstanden in der näheren Umgebung. An zahlreichen seiner Lieblingsplätze stehen heute Staffeleien mit Reproduktionen der Werke. Auf Paletten daneben erläuternde Texte, auch in Deutsch. Stark fasziniert schien er vom Brême-Tal. Hier fand er das Unmalbare – düstere und undurchdringliche Natur aus Felsen und Baumstümpfen, fremdartige Formen: Geister, Götter oder Zwerge? Das Bächlein des Puits Noir (er malte es an die fünfzigmal) war der Hauptort seines Schaffens. Courbet suchte hier die tiefen Kräfte der Natur, Gefühle und Phantasie malerisch umzusetzen. Von der Staffelei am Parkplatz Le Puits Noir (drei Kilometer von Ornans an der D 67) lohnt sich ein Spaziergang ins Brême-Tal. Alternativ dazu gibt es eine originelle Route auf der gegenüberliegenden Talseite. Die Trasse einer ehemaligen Eisenbahnlinie wurde als 12 Kilometer langer Wanderweg bis l'Hôpital-du-Grosbois ausgeschildert; mit Aussichtspunkten, Brücken, Tunnels und Abstechern zu Museen und Grotten. Start der »Ancienne Voie de Chemin de Fer« 2,5 Kilometer von Ornans an der D 101.

Der Wegverlauf

Am **Parkplatz La Corvée** zeigt eine Wandertafel die Route an, die als S 2 ausgeschildert ist. Man folgt der gelb-blauen Markierung die Rue du Château hinauf. Die Route ist teilweise mit dem weiß-rot markierten GR 59 identisch. In einer Rechtskurve hält man sich weiter geradeaus durch die Rue de Charmont. Nach wenigen Metern zieht sich rechts ein Hohlweg steil in den Wald. In Kürze ist die **Fontaine des Vipères** erreicht, ein aussichtsreiches Brunnenensemble und einer der Lieblingsplätze von Courbet. Etwas oberhalb zeigt eine Staffelei, was er einst hier zu Papier gebracht. Der Blick weilt auf Ornans und dem darüber thronenden Schloss. Der Wanderweg trifft nun auf die Zufahrtsstraße des Schlosses, der man ein Stück nach rechts folgt, um

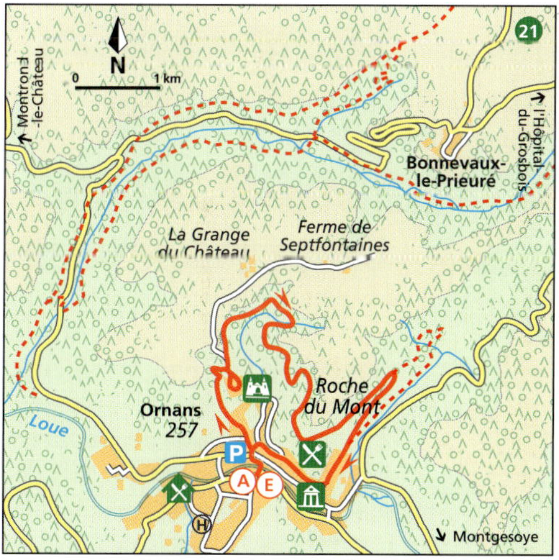

21

gleich darauf links den Fußweg zum **Château** (30 Min.) hochzusteigen. Durch die Rue Saint Georges wird der archaische Weiler gegen den Uhrzeigersinn durchschritten. Links ein famoser Aussichtspunkt mit Infotafeln zur Geschichte und Lage von Ornans. Kurz danach präsentiert sich die **Chapelle Saint Georges** mit hölzernem Glockenturm (im 13. Jh. zerstört, um 1500 wieder aufgebaut). Der Straße folgen wir weiter bis zur Weggabelung mit Kreuz. Hier rechts gehen und wenig später wieder rechts in den Wald. Über den Höhenweg wird im Halbrund der waldige Kamm durchwandert. Nun über das Wiesenplateau des **Roche du Mont** (1:30 Std.) zur lebensgroßen Marienfigur. Beeindruckend die Tiefblicke auf Ornans und über das Tal der Loue. Für den Abstieg gibt es zwei Möglichkeiten. Die linke Route »par la Garenne« dauert etwas länger, ist aber weniger steil. Die rechte Route über den **Sentier de l'âne** führt über eine Metallleiter und steile Treppen direkt nach Ornans (2:30 Std.) hinunter. Am Parkplatz des Touristenbüros nehmen wir die Hauptstraße nach links, durch die hübschen Arkaden der Mairie und nach rechts über die Bogenbrücke vorbei am **Musée Courbet** (Besichtigung lohnt) durch die Rue Saint Laurent zur sehenswerten Kirche St.Laurent (12.–17. Jh.). Davor, zwischen der alten Bibliothek und dem herrschaftlichen Hôtel de Grospain, dass im 16. Jh. das erste Bürgermeisteramt der Stadt war, geht es über eine Fußgängerbrücke zum **Place Gustave Courbet**, der sein interessantestes Gesicht am lebhaften Markttag zeigt. Schräg über die Hauptstraße nach rechts die Rue du Château hinauf zurück zum Parkplatz La Corvée (2:45 Std.).

Boules-Spieler trifft man in fast jedem französischen Dorf, wie hier in Ornans.

Gorges de Nouailles

22

Die rätselhafte Quelle der Loue: Mouthier-Haute-Pierre – Source de la Loue – Belvédère Renédale – Mouthier-Haute-Pierre

Tourencharakter: Anspruchsvolle Fluss- und Kammwanderung, nahezu durchgehend durch Wald, mehrere Aussichtspunkte und Steilstücke (bei Nässe rutschig). Zur Mitnahme empfiehlt sich ein Fernglas zur Vogelbeobachtung, Taschenlampe für Grottenfreaks.
Beste Jahreszeit: Frühling bis Spätherbst. Ideal für heiße Tage, spektakulär nach langen Regenperioden.
Ausgangs-/Endpunkt: Parkplatz am Syratu-Wasserfall (379 m) bei Mouthier-Haute-Pierre. Zufahrt durch die Rue des Guenbart im unteren Ortsteil, vor der Brücke links. Start auch von Ouhans möglich.
Wanderkarte: IGN-Karte 1:50.000, Blatt 1-Zone Ouest Le Doubs oder 1:25 00, Blatt 3424 OT.
Markierung: Weiß-rot, gelb-blau, Hinweisschilder.
Verkehrsanbindung: Mouthier-Haute-Pierre (420 m) liegt 16,5 km von Ornans und 10 km von Ouhans entfernt an der D 67; Busverbindung mit Ornans.
Einkehr: Restaurant Chalet de la Loue, 5 Min. von der Loue-Quelle.
Unterkunft: Auberge du Moine, nahe dem Aussichtspunkt, Tel. 03/81 69 91 22; Gîte Syratu, Rue des Guenbart, Tel. 03/81 0 91 39; Refuge La Court`Echelle, Tel. 03/81 60 99 60.
Tourist-Info: Office du Tourisme de Mouthier-Haute-Pierre, Tel. 03/81 60 97 68; Office de Tourisme d'Ornans, Tel. 03/81 62 21 50.

anspr.
16 km
4 3/4 Std.
↑360 m
↓360 m

Das idyllische Tal der Loue galt schon früh als romantisch und hat zahlreiche Maler inspiriert, insbesondere Gustave Courbet (→Ornans). Der berühmteste Flecken an der gut 100 Kilometer langen Loue ist ihr Talschluss. Aus einer gähnenden Höhle unter senkrechten Felswänden sprudelt die geheimnisvolle Loue-Quelle. Dass sie unterirdisch in Verbindung mit dem Doubs steht, kam im Sommer 1901 ans Tageslicht. Spaziergängern war aufgefallen, dass ihr Wasser stark absinth-getrübt erschien. Dass ein Zusammenhang mit dem Brand der Distillerie Pernod in →Pontarlier bestehen könnte, bei dem gewaltige Mengen des Alkohols in den Doubs abgegangen waren, bewies schließlich der Höhlenforscher Martel. Er führte dem Doubs bei Pontarlier grünen Farbstoff zu, der drei Tage später die Loue-

Kurz vor Erreichen der Loue-Quelle

22

Quelle färbte. Sie ist somit eine juratypische »resurgence«, eine Wiedererscheinung von Teilen des Doubs.

Der Wegverlauf

Vom Parkplatz (mit idyllischem Picknickareal direkt am Ufer der Loue) führt ein Abstecher hinter der Brücke links zu den Kaskaden des **Syratu**. Ansonsten folgt man dem weiß-rot markierten GR 595. Beim Aufstieg wird eine Straße gekreuzt, kurz danach spaltet sich der GR und man steigt rechts zur **Grotte des Faux Monnayeurs** (501 m) ab. Eine Metallleiter ermöglicht den Zustieg ins Höhleninnere. Die nächste Attraktion ist die **Source du Pontet**, die eindrucksvoll aus der Steilwand heraussprudelt. Mit etwas Glück sind unterwegs Gämsen zu beobachten. Über eine Brücke wechselt man das Ufer und gelangt wieder zu Loue. Auch diese wird überquert. Nach rechts Rückkehrmöglichkeit nach Mouthier, nach links wird ein Seitenbach überquert und nun nonstop bis zur Quelle dem Loue-Ufer gefolgt. Es gibt hinreißende Tiefblicke auf das smaragdgrüne, klare Wasser, auf die lustig hüpfenden Kaskaden und den moosigen Urwald. An der **Loue-Quelle** (2 Std.) ist dann meist etwas mehr los, schließlich ist ein Parkplatz in der Nähe und schlussendlich war sie auch einer der Lieblingsplätze von Courbet, daran erinnert eine Staffelei mit Loue-Gemälde. Über die Straße geht es zum nahen Restaurant Châlet de la Loue (579 m). Gleich hinter dem Parkplatz wandert man rechts in den Wald. Ein kurzer Steilanstieg, dann nach rechts um eine Wieseninsel eben immer am waldigen Kamm entlang bis zum **Belvédère Renédale** (739 m, 3:10 Std.). Ein hervorragender

22

Beobachtungsposten für die Luftakrobatik der hier lebenden Raubvögel. Beeindruckend ist auch der Tiefblick von der 350 Meter abfallenden Felswand in die Nouailles-Schlucht. Die Route setzt sich am Kamm fort. Immer wieder gibt der Wald ein paar Blicke frei auf das tief unten liegende Mouthier-Haute-Pierre. Von der **Auberge du Moine** (3:30 Std.) könnte man noch einen Abstecher zum Belvédère du Moine (790 m, 3:45 Std.) einbeziehen. Der Steilabstieg verläuft über eine grobe Schotterpiste nach Mouthier-Haute-Pierre. Auf halber Strecke zweigt nach links der GR 595 Richtung Ornans ab, auch eine Alternative, die Tour zu verlängern. Von **Mouthier-Bas** (379 m) geht es hinter der Brücke nach rechts durch die Rue des Guenbart zurück zum Parkplatz (4:45 Std.).

Lods im Loue-Tal mit den Resten einer steinernen Bogenbrücke

23 Pontarlier – Château de Joux

Auf dem Hirtenweg zu Frankreichs schönster Festung: Pontarlier – Grand Taureau – Château de Joux – Pontarlier

anspr.

18 km

5 Std.

↑620 m
↓620 m

Tourencharakter: Einfache Höhenwanderung.
Beste Jahreszeit: Frühling bis Spätherbst.
Ausgangs-/Endpunkt: Camping du Larmont, 1 km oberhalb Pontarlier.
Wanderkarte: IGN-Karte 1:25 000, Blatt 3425 OT; Landeskarte der Schweiz 1:50 000, Blatt Val de Travers.
Markierung: Gelb-blau, weiß-rot, Hinweisschilder.
Verkehrsanbindung: Pontarlier liegt an der N 57 (Besançon – Vallorbe/CH). Bus- und Zugverbindungen. Abzweig zum Campingplatz am südlichen Ortseingang ausgeschildert.
Einkehr/Unterkunft: Hotels in Pontarlier und La Cluse et Mijoux. Camping du Larmont, Tel. 03/81 46 23 33; Chalet Refuge du Larmont, Tel. 03/81 39 11 25.
Tourist-Info: Office de Tourisme, 14 bis, rue de la Gare, F-25300 Pontarlier, Tel. 03/81 46 48 33, Fax 81 46 83 32, E-Mail office.de.pontarlier@wanadoo.fr

Majestätisch thront die Festungsanlage des →Château de Joux auf einem Kalkriff in der Enge von →Pontarlier und bietet eine der fotogensten Ansichten des Jura. Scharen strömen im Sommer auf seinen Hügel. Gut dass sie dabei die wunderbare Umgebung vergessen. So lässt es sich in aller Stille dahinwandern, auf einem Hirtenpfad zum Grand Taureau aufsteigen und aussichtsreich zum Fort Mahler dringen, wo sich das Schloss von seiner eindrücklichsten Seite zeigt.

Mächtig thront das Château de Joux über der Enge von Pontarlier.

Der Wegverlauf

Hinter dem **Camping du Lomont** (880 m, mit Ponyclub, kleinem Wildpark und Vitaparcours) startet der Sentier montagnard du Grand Taureau, ein 7 Kilometer langer Themenweg mit Schautafeln über die hiesige Geologie, Fauna und Flora. An der großen Wandertafel geht es rechts hoch am Vitaparcours vorbei und in Serpentinen über Weiden und durch Wald, am Westhang des Grand Taureau entlang durch ein kleines Hochtälchen, zur **Combe du Creux** (1075 m). Bald dahinter taucht der Weg in den Wald ein und steigt steil auf den Höhenrücken (1240 m). Nach links zum Gipfel des **Grand Taureau**

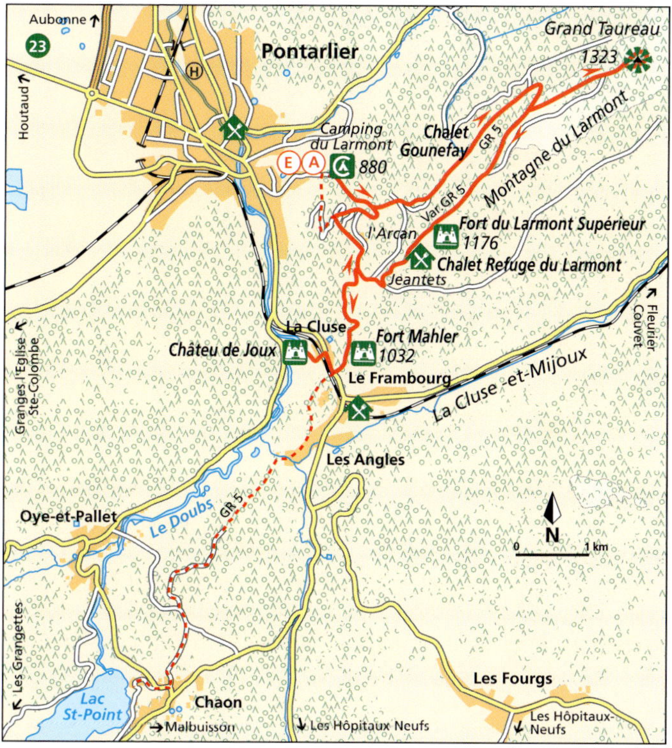

23

(1323 m, 2:30 Std.), der knapp über der Grenze liegt und fantastischen Rundblick bietet. Auf dem Höhenweg (GR 5) weiter gegen Südwesten erst am Fort du Larmont Supérieur (1176 m) vorbei, dann bei den Häusern von Jeantets zur Festungsanlage von **Fort Mahler** (1032 m). Beeindruckend ist hier der Tiefblick auf die »Cluse«, über der das mächtige **Château de Joux** thront, das seit dem 11. Jh. diese strategisch wichtige Enge von Pontarlier schützt. Heute rauscht der starke Verkehr der RN 67 hindurch und das Schloss ist zu einem der beliebtesten Ausflugsziele avanciert. Nach über 230 Stufen gelangt man hinunter (860 m) und jenseits wieder hinauf zum Festungshügel (4 Std.). Ein Fußweg entlang der Bahngleise führt nach Pontarlier zurück, ist aber wegen des Autolärms nicht so schön. Besser ist es zurück zum Fort Mahler zu steigen und über Jeantets zum Ausgangspunkt (5 Std.).

24 Lison-Quelle

Wasserfälle und Grotten: Lison-Quelle – Nans-sous-Sainte-Anne – Lison-Quelle

◯	leicht
km	7 km
🕒	2 Std.
▲	↑20 m ↓20 m
☺	ja

Tourencharakter: Leichte Flusswanderung, eventuell mit steilem Abstecher zu einem großartigen Belvedere.
Beste Jahreszeit: Frühling bis Spätherbst.
Ausgangs-/Endpunkt: Nans-sous-Ste-Anne (364 m), großer Parkplatz am Ende der D 477, Abzweig vor dem Ortseingang nach links, 2 km.
Wanderkarte: IGN-Karte 1:25 000, Blatt 3324 ET Arc-et-Senans.
Markierung: Gelb-blau, weiß-rot, Hinweisschilder.
Verkehrsanbindung: Nans-sous-Ste-Anne liegt an der D 103, 9 km vom Abzweig der D 72 (Pontarlier – Salins-les-Bains) entfernt.
Einkehr/Unterkunft: Gîte d'étape Lison Accueil, Tel. 03/81 86 50 79, Internet www.lison.accueil.free.fr; Hôtel de la Poste, Tel. 03/81 86 62 57; Les Chalets de la Doye, Tel. 03/84 66 16 14 oder 06/08 47 35 65.
Tourist-Info: Mairie, F-25330 Nans-sous-Ste-Anne, Tel. 03/81 86 53 31.

Der Lison, ein Nebenfluss der Loue (Tour 22), hat wie diese eine »resurgence« in seinem Talschluss, d. h. er entspringt ursprünglich schon etwa 15 Kiometer südlich im Wald von Scay, fließt dann aber unterirdisch weiter und tritt nahe dem hübschen Dörfchen Nans-sous-Ste-Anne wieder zu Tage. Die romantische Quelle ist ein beliebtes Ausflugsziel und zählt zu den attraktivsten jurassischen Naturdenkmälern.

Blick vom Belvédère du Vieux Château auf Nans-sous-Sainte-Anne

24

Die Lison-Quelle nach einer langen Regenperiode

Der Wegverlauf

Vom Parkplatz den Waldweg rechts aufwärts zur **Lison-Quelle** gehen. Besonders nach längeren Regenperioden donnern gewaltige Wassermassen aus einem gähnenden Loch in der Steilwand. Sehr eindrucksvoll ist da der Blick aus ihrem Schlund. Ein Tunnel und glitschige Stufen führen in die gewaltige Höhle hinein zu einer Plattform mit packendem Einblick in die schäumende Quelle. In Trockenperioden sind es liebliche Kaskaden, die sich im breiten Wasserbecken zu smaragdgrüner Leuchtkraft vereinigen. Sich rechtshaltend führt ein kurzer Serpentinenpfad hinauf zum **Creux Billard** (15 Min.), einem 50 Meter tiefen, trichterförmigen Felskessel. Hier zeigt sich der Lison nur kurz, je nach Wetterlage als schäumender Wasserfall oder dünnes Rinnsal, um eine Etage tiefer als offizielle Karstquelle ans Tageslicht zu treten. Auf gleichem Weg wandern wir zurück. Kurz vor dem Parkplatz führt nach links eine Brücke über den Lison. Kurz danach steht man erneut vor einer gewaltigen Felsöffnung, aus der sich sprühende Kaskaden ergießen. Die **Grotte Sarrazine** (30 Min.), unterirdisch vom Lison gespeist, kann nur bei niedrigem Wasserstand betreten werden. Durch üppig grüne Vegetation setzt sich der Wanderweg am linken Ufer fort. Kurz vor den Chalets de la Doye zweigt nach links der Pfad zum Vieux Château (697 m, 45 Min.) ab. Ein Abstecher, der zwar kräftig in die Waden geht, aber mit hinreißendem Ausblick auf Nans-sous-Ste-Anne und den Talkessel belohnt. Links von den Chalets de

Glitschige Stufen führen in die gewaltige Höhle der Lison-Quelle.

la Doye befindet sich die Taillanderie, eine besichtigungswürdige alte Sichelschmiede (Juli/Aug. tgl.10–19 Uhr, Mai/Juni/Sept.10–12.30, 14–18.30 Uhr April/Okt./Nov. nur So nachmittags, Tel. 03/81 86 64 18). Über ein Teersträßchen geht es nach **Nans-sous-Ste-Anne** (364 m, 1:15 Std.). An der Loue-Brücke ist ein botanischer Lehrpfad (sentier botanique des îles) zu kleinen Flussinseln eingerichtet. An der Kirche der Hauptstraße nach rechts folgen, bis der gelb-blau markierte Wanderweg von der D 477 nach links abzweigt, vorbei an einer »gros chêne«, einer 250 Jahre alte Rieseneiche mit bald 5 Meter Umfang, gelangen wir zurück zum Parkplatz (2 Std.).

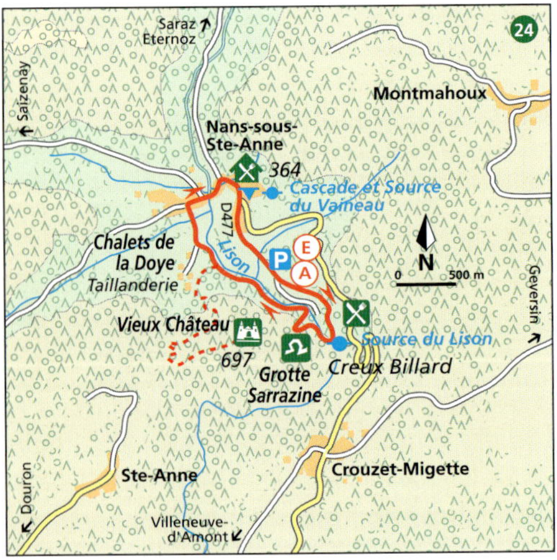

Arc-et-Senans – Salins-les-Bains

25

Eine historische Salzroute: Arc-et-Senans – Port-Lesney – Rennes-sur-Loue – La Chapelle-sur-Furieuse – Salins-les-Bains

mittel

24 km

5 1/2 Std.

↑97 m ↓97 m

Tourencharakter: Lange Tagestour in Flussnähe, zum größten Teil eben und auf schmalen Teersträßchen, eignet sich deshalb auch hervorragend für eine gemütliche kinderfreundliche Radtour (2 1/2 Std.).
Beste Jahreszeit: Frühling bis Spätherbst.
Ausgangspunkt: Saline Royale in Arc-et-Senans (237 m).
Endpunkt: Salins-les-Bains (334 m).
Wanderkarte: IGN-Karte 1:50 000, Blatt 2-Zone Est Jura oder 1:25 000, Blatt 3325 OT sowie 3324 ET.
Markierung: Weiße Hinweisschilder.
Verkehrsanbindung: Arc-et-Senans liegt südlich von Besançon an der Zuglinie Paris-Dole-Pontarlier. Zur Rückkehr an den Ausgangspunkt Bus von Salins-les-Bains bis zum Bahnhof Mouchard, von dort per Zug.
Einkehr/Unterkunft: In den Ortschaften längs des Weges. Der besondere
Tipp: Château de Germigney.
Tourist-Info: Office de Tourisme, Place des Salines, F-39110 Salins-les-Bains, Tel. 03/84 73 01 34, Fax 84 37 92 85.

Der Start beginnt beeindruckend. Das verrückte Bauprojekt der Königlichen Salinen (Saline Royale) in Arc-et-Senans ist von der Unesco in die Liste der Kulturdenkmäler aufgenommen. Der königliche Staatsrat beauftragte 1773 Claude-Niclas Ledoux (1736–1806) mit dem Bau einer Salzsiederei. Der sozial denkende Architekt wollte eine Idealstadt schaffen, ringförmig anlegt um die Saline. Nur ein Teil ist fertiggestellt worden, da die Siederei weitaus weniger Salz produzierte als kalkuliert und ihr Betrieb deshalb 1895 eingestellt werden musste. Endpunkt der Wanderung ist Salins-les-Bains, wo schon seit der Römerzeit die Salzquellen ausgebeutet wurden. Das weiße Gold, im Mittelalter zur Konservierung von Lebensmitteln unerlässlich, war zu Zeiten primitiver Abbaumethoden so kostbar, dass sein Diebstahl sogar mit dem Tod bestraft wurde. Im Zentralhof

Die königlichen Salinen von Arc-et-Senans

Eine der stimmungsvollsten Unterkünfte ganz Frankreichs liegt hier am Wegesrand: Das Château de Germigney in Port-Lesney (Adresse s. Unterkunft).

der festungsgleichen Saline stand einmal der Galgen. Früher wurde die Salzlake durch eine Holzrohrleitung von Salins-les-Bains nach Arc-et-Senans, dem Ort der Aufbereitung, befördert. Ihr historischer Wegverlauf ist heute als Chemin des Gabelous (gabelou ist ein Salzaufseher) für Wanderer und Radfahrer eingerichtet – ein idyllischer Uferweg durch das Tal der Loue.

Der Wegverlauf

Vom **Salineneingang** folgen wir der Hauptstraße (D 17) ein paar Meter gegen Nordosten, dann biegen wir rechts in die Rue des Graduations ein. Kurz vor der Loue geht es nach links durch Felder und an der Usine Pevescal (Fensterfabrik) vorbei. Hinter dem Château de Reche folgt der Chemin des Gabelous wieder ein Stück der D 17, biegt vor dem Bahnübergang dann aber rechts auf eine Nebenstraße und erreicht das hübsche Dörfchen **Champagne-sur-Loue** (240 m) am jenseitigen Ufer. Nun immer eng am idyllischen Loue-Ufer bis **Port-Lesney** (248 m, 2:30 Std.). Hinter der Brücke wandern wir nach rechts in den Chemin de la Champagnole, der bald in einen Feldweg übergeht. An der folgenden Weggabelung hält man sich links, quert

Special

Lohnenswerte Besichtigungen: **Saline Royale**, Nov.–März 10–12, 14–17 Uhr, April/Mai/Okt. 9–12, 14–18 Uhr, Juni/Sept. 9–18 Uhr, Juli/Aug. 9–19 Uhr, Tel. 03/81 54 45 45. Ganz anders dann die Führung durch die **Salinen von Salins-les-Bains**. Da geht es tief in das unterirdische Stollenlabyrinth des mächtigen Salzstocks. Die Sole wird übrigens nur noch zu Kurzwecken verwendet. Febr. bis Ostern, Mitte Sept. bis Nov. tgl. 10.30, 14.30, 16 Uhr, Ostern bis Mitte Sept. tgl. jede Stunde 9 bis 11, 14.30 bis 17.30 Uhr, Tel. 03/84 73 01 34.

25

die weiten Wiesenauen, später den wildromantischen Buchswald und gelangt dann schließlich über zwei Brücken in die kleine Ortschaft **Rennes-sur-Loue** (258 m, 3:15 Min.). Nun die N 83 überqueren und in die Route de la Chapelle gehen. Über eine kleine Anhöhe nach **La Chapelle-sur-Furieuse** (275 m). Der Hauptstraße nach rechts folgen, dann kurz links in die Straße Richtung Ivrey und weiter auf dem ersten Feldweg nach rechts. Nach einem Anstieg durch Wald geht es abwärts nach **Onay** (353 m, 4:30 Std.). Von der Hauptstraße zweigt bald links wieder ein Feldweg ab, der erneut an Höhe gewinnt, sich nach einem Bachgraben (379 m) aber wieder senkt und sich mit hübscher Aussicht durch Weinreben fortsetzt. In der Ferne sieht man bereits die Festungen über Salins-les-Bains, links das Fort Belin, rechts das Fort St-André. Schließlich stößt man auf ein Teersträßchen, das steil hinunter führt. Kurz vor Erreichen der Hauptstraße erfolgt die Schlussetappe bis **Salins-les-Bains** (334 m, 5:30 Std.) auf einer stillgelegten Eisenbahntrasse.

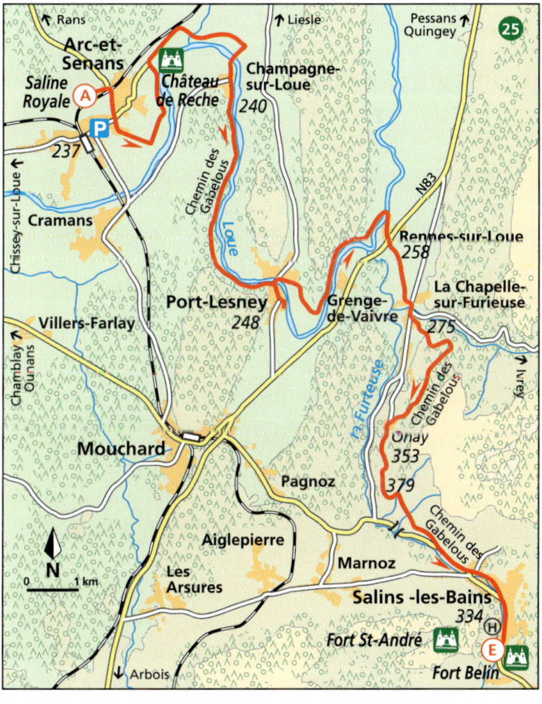

26 Cirque du Fer à Cheval

Wildromantischer Felsenkessel: Les Planches – Cirque du Fer à Cheval – Roche du Feu – Mesnay – Les Planches

mittel

13 km

3:40 Std.

↑258 m
↓258 m

Tourencharakter: Waldreiche Wanderung um ein juratypisches Reculée, mehrere Aussichtspunkte, der Aufstieg ist teilweise recht steil.
Beste Jahreszeit: Frühling bis Spätherbst.
Ausgangs-/Endpunkt: Les Planches-près-Arbois (328 m).
Wanderkarte: IGN-Karte 1:25 000, Blatt 3325 Arbois/Salins-les-Bains.
Markierung: Gelb-blau, weiß-rot, Hinweisschilder.
Verkehrsanbindung: Les Planches liegt an der D 247 im Talschluss der Cuisance, 4,6 km von Arbois (Zugverbindung mit Dole).
Einkehr: Restaurant Fer à Cheval am gleichnamigen Aussichtspunkt; Restaurant Château d'Arbois in Châtelaine; sowie in Mesnay und Les Planches.
Unterkunft: Hôtel Moulin de la Mère Michelle**** in Les Planches, Tel. 03/84 66 08 17, Fax 03/84 37 49 69, Internet www.chateauxhotels.com/mere-michelle
Tourist-Info: Office de Tourisme, Hôtel de Ville, F-39600 Arbois, Tel. 03/84 66 55 50, Fax 84 66 25 50, E-Mail otsi@arbois.com, Internet www.arbois.com

Das Weinstädtchen Arbois lohnt eine Besichtigung zu Beginn oder am Ende dieser Wanderung.

Wie der Cirque de Baume (Tour 28) ein juratypisches Reculée und doch ganz anders. Der Cirque du Fer à Cheval versteckt sich hinter der lieblichen Weinlandschaft von →Arbois. Auf einer Rundwanderung ergeben sich viele reizvolle Tiefblicke in den idyllischen, saftiggrünen Felsenkessel.

Der Wegverlauf

Der kurze Rundgang, der an der Hotel-Mühle am Südende von **Les Planches** startet, zeigt einen besonders idyllischen Winkel. Der ansteigende Feldweg führt zur Quelle der Petite Source de la Cuisance, die sich weiter unten in der **Cascade des Tufs** über moosige Felsen ergießt. Ein romantischer Waldpfad führt auf der anderen Seite des Baches zurück nach Les Planches (40 Min.). Nun der gelb-blauen Markierung (identisch mit dem weiß-rot markierten GR 59) folgen und durch die Rue du Vieux Mont gegen Südosten steil in den Wald aufsteigen. Auf halber

26

Tipp

Ideal, um Schlechtwetter zu überbrücken, ist eine Führung durch die **Grotte des Planches**, 1 km von Les Planches. Rund 800 Meter der Höhle, in der die Cuisance entspringt, sind über Stege begehbar. Führungen tgl. Ostern bis Ende Sept., Ende Sept. bis Mitte Nov. nur sonn- und feiertags, Tel. 03/84 66 13 74.

Strecke biegen wir in den gelb-blau markierten Pfad links ein (der GR 59 führt weiter zum **Belvédère du Fer à Cheval**, ein lohnender Abstecher, der aber auch per Auto erreichbar ist), und in leichtem Auf und Ab wandern wir in ein Tälchen. Hinter Ruinen zweigt links der Zugang zum **Belvédère de la Châtelaine** (528 m, 1:25 Std.) ab. Diese grandiose Aussichtsplattform balanciert 200 Meter über der Grotte des Planches, in der die Grande Source de la Cuisance entspringt. Abenteuerlustige nehmen von hier das unmarkierte Weglein, das sich weiter am Kamm durch Gestrüpp schlängelt und zu ganz intimen Felsenkanzeln führt. Am **Mont Foirond** (575 m) mündet es in einen breiteren Weg, hier rechts, bis dieser auf ein Sträßchen stößt. Man kann das verwegene Stück aber auch umgehen und den offiziellen Wanderweg durch die **Combe Saugin** begehen, der etwas früher auf die Straße trifft, die nach links eingeschlagen wird. Bald schon mündet der GR 59 von Les Planches herauf (Abstiegsmöglichkeit), nun bestimmt dieser die Route über die Aussichtspunkte des **Roche du Feu** (576 m, 2:10 Std.) bis **Mesnay** (326 m, 2:55 Std.) hinunter. Man durchschreitet das hübsche Weindörfchen zum Fluss hinunter, und über die Landstraße am orographisch linken Ufer geht es in südliche Richtung zurück nach **Les Planches** (3:40 Std.).

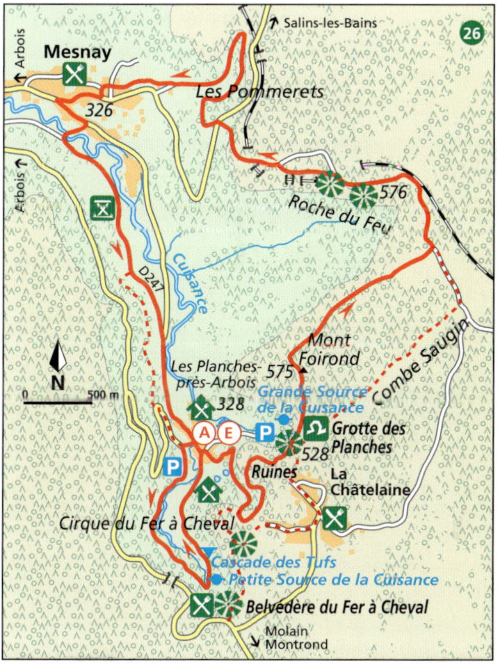

27 Château-Chalon

Weinwandern: Voiteur – Château-Chalon – Creux de Beaumont – Ménétru-le-Vignoble – Voiteur

leicht
9 km
2 1/2 Std.
↑245 m ↓245 m
ja

Tourencharakter: Aussichtsreiche Reben- und Kammwanderung mit kurzen Steilstücken.
Beste Jahreszeit: Am schönsten zur Weinlese im Herbst.
Ausgangs-/Endpunkt: Voiteur (255 m).
Wanderkarte: IGN-Karte 1:25.000, Blatt 3226ET Lons-le-Saunier/Poligny.
Markierung: Weiß-rot, Hinweisschilder.
Verkehrsanbindung: Voiteur liegt an der Weinstraße (D 70), 10 km nordöstlich von Lons-le-Saunier, Buslinie 24.
Einkehr: In Voiteur und Château-Chalon.
Unterkunft: Beste bed & breakfast-Adresse in einem romantischen Schloss, von Schweizern geführt: Brigitte und Michael Keller, Château Saint Martin, F-39210 Voiteur, Tel./Fax 03/84 44 91 87.
Tourist-Info: Point Info Tourisme, Place de la Mairie, F-39210 Voiteur, Tel. 03/ 84 44 62 47, Fax 84 44 64 86, E-Mail info@haute-seille.com, Internet www.haute-seille.com

Winzig klein, aber mit enormer Ausstrahlung, balanciert Château-Chalon auf einem Felssporn, sieht stolz auf seine begehrten Weinlagen hinunter und leidet dennoch nicht unter zu großem Besucheransturm. Einst eine Festung, dann eine angesehene Abtei, heute eine Petite Cité Comtoise de Caractère, deren Weinbauern auf eine 1000jährige Tradition ihres Weinbaus zurückblicken. Die Reblagen, gegen Nord- und Ostwinde gut geschützt, liefern beste Qualität, unter anderem auch den Vin jaune. Dazu ist ein Themenweg, der Sentier Vin jaune, als 5 km langer Rundgang von Château-Chalon aus eingerichtet, dessen schönster Teil im Aufstieg mitgenommen wird. Als Kammroute setzt sich unsere Wanderung fort, um dann über den Rebenweg von Ménétru-le-Vignoble die Runde abwechslungsreich abzuschließen.

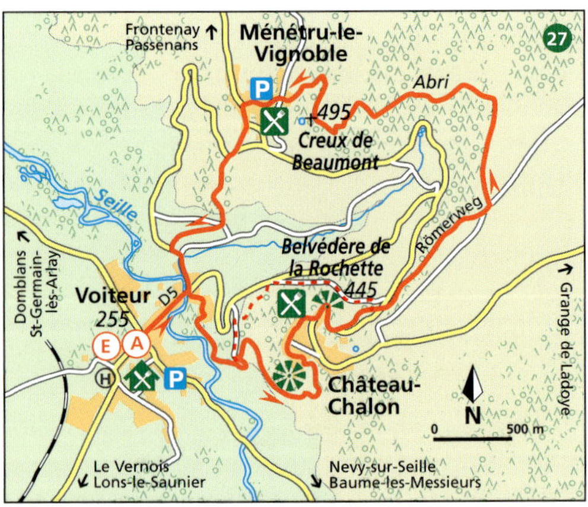

Der Wegverlauf

In **Voiteur** der D 5 Richtung Château-Chalon folgen. Hinter der Brücke der Seille nach rechts in die Rue de Maizières. Bei den letzten Häusern führt ein

27

Feldweg rechts dem Ufer entlang bis zu einem Sträßchen, das man nach links und dann wieder links hochsteigt. In Kürze stößt man auf den Sentier Vin jaune, der sich durch die Rebhänge östlich um den Felssporn von Château-Chalon windet und dann an einem wenig felsigen Steilstück gemeinsam mit dem weiß-rot markierten GR 59 D auf seine Kanzel steigt. Gleich hinter der Kirche St-Pierre (10. Jh.) ist noch ein altes Tor der ehemaligen Abtei erhalten geblieben. Wer hindurchschreitet, gelangt an die äußerste Spitze des Felsriegels zum **Belvédère de la Rochette** (445 m, 45 Min.) mit Tiefblick auf die Rebhänge, auf Voiteur und den gewundenen Flusslauf der Seille. An dichtgedrängten Winzerhäusern vorbei zur Hauptstraße Richtung Voiteur steigen wir ab, bis nach rechts der Römerweg (Voie Romaine) durch den Wald hinaufzieht. Nun gelangen wir auf ein Wiesenplateau bei einer schmalen Straße, jetzt geht es scharf links weiter auf dem GR 59. An einer Steinmauer macht die Route eine Linkskurve in den Wald. Hier stößt man auf eine typische Hirtenunterkunft, ein kleines Steingewölbe im Boden versenkt. Unterwegs am waldigen Grat erneut ein Aussichtsfelsen. An der nächsten Weggabelung **nicht** links absteigen, sondern geradeaus auf der Höhe bleiben. Der schmale Waldpfad führt auf eine Wiese, an deren nordwestlichem Ende schon das große Kreuz des **Creux de Beaumont** (495 m, 1:45 Std.) sichtbar ist. Die Felskanzel mit Sitzbank und Panoramatafel bietet hervorragenden Weitblick, zu Füßen schmiegt sich das Dörfchen Ménétru-le-Vignoble idyllisch in die Rebenlandschaft ein. Am Waldrand kurz gegen Norden wandern, dann links in steilem Abstieg nach **Ménétru-le-Vignoble**. An der Mairie nach rechts, an den traditionsreichen Kellereien vorbei, der Beschilderung des Sentier Vignoble durch die Weinberge bis Voiteur folgen (2:30 Std.).

In Château Chalon reiht sich Weinkeller an Weinkeller.

28 Baume-les-Messieurs

Grotte, Wasserfall und eine alte Abtei: Baume-les-Messieurs – Sentier Le Dard – Baume-les-Messieurs

leicht

6 km

2 1/2 Std.

↑250 m
↓250 m

ja

Tourencharakter: Familienfreundliche Rundwanderung. Trittsicherheit erforderlich, da zwei steile Passagen überwunden werden.
Beste Jahreszeit: Im Frühling ergießt sich der Wasserfall besonders üppig. Im Herbst bezaubert das Farbenspiel des Waldes.
Ausgangs-/Endpunkt: Baume-les-Messieurs (304 m).
Wanderkarte: IGN-Karte 1:25 000, Blatt 3226 ET, Lons-Le-Saunier/ Poligny.
Markierung: Weiß-rot, Hinweisschilder.
Verkehrsanbindung: Baume-les-Messieurs liegt 10 km östlich von Lons-le-Saunier, Buslinie 24.
Variante: Auf dem GR 59 über den Felsenkessel Cirque de Ladoye gut zu verbinden mit Tour 27 (12 km).
Einkehr: Drei Restaurants in Baume-les-Messieurs; Restaurant des Grottes, am Wasserfall unterhalb der Grotte, Tel. 03/84 48 23 15.
Unterkunft: Das Kloster vermietet drei Zimmer, Tel. 03/84 44 64 47. Camping 1 km vor dem Ort, Tel. 03/84 44 63 16; Hotel Le Belvédère, direkt am Aussichtspunkt auf halber Strecke, Tel. 03/84 48 22 18.
Tourist-Info: Service Accueil Tourisme, Abbaye, Tel. 03/84 44 99 28.

Baume-les-Messieurs liegt in einem der juratypischen Reculées.

Typisch für den Jura sind die »Reculées«. Das sind kurze Kerbtäler, die sich tief in den Jurakalk eingeschnitten haben und in steilen Felsenkesseln, so genannten »Cirques«, enden. Der sensationellste unter ihnen ist der dreifach verzweigte Talschluss des Cirque de Baume. Wie aus dem Plateau herausgesägt, stürzen abrupt zerklüftete Felswände fast 200 Meter senkrecht in einen giftgrünen Talboden, in den sich die nostalgischen Gemäuer eines alten Klosterensembles einschmiegen.

28

Der hübsche Wasserfall unterhalb der Grottes de Baume

Der Wegverlauf

Vom Parkplatz unterhalb des Klosters folgt man den Holzschildern des Sentier Le Dard über die Brücke nach links. Kurze Zeit später zweigt der Wanderpfad ab, der mit dem weiß-rot markierten GR 59 identisch ist. Erst durch felsiges Gelände, dann durch Wald und über die Stufen der **Échelles de Sermu** geht es steil auf das Plateau hinauf. Ein Abstecher nach rechts wartet mit eindrücklichem Tiefblick auf die Abtei auf. An der waldigen Abbruchkante entlang, durch das Dorf Sermu und weiter bis zum **Belvédère des Roches de Baume** (509 m), dem spektakulärsten Einblick in den Kessel. Kurz vor dem Hotel Le Belvédère (mit lauschigem Biergarten) nach links über die Treppen der **Échelles de Crancot** in den Talkessel. Unten stößt man auf den Grotteneingang mit Picknickplatz und kleiner Snackbar. Vom Fluss führen Treppen zu einem Wasserfall mit romantischem Restaurant Schlösschen hinunter. Wir laufen am linken Flussufer weiter durch ein vermoostes Waldparadies mit tiefen, glasklaren Schwimmbassins. An einem gibt es sogar eine Badeleiter. Nun folgt ein kurzes Stück über groben Schotter. Bei einer Kapelle ist die Straße erreicht, die nach links zurück zum Parkplatz führt (2:30 Std.).

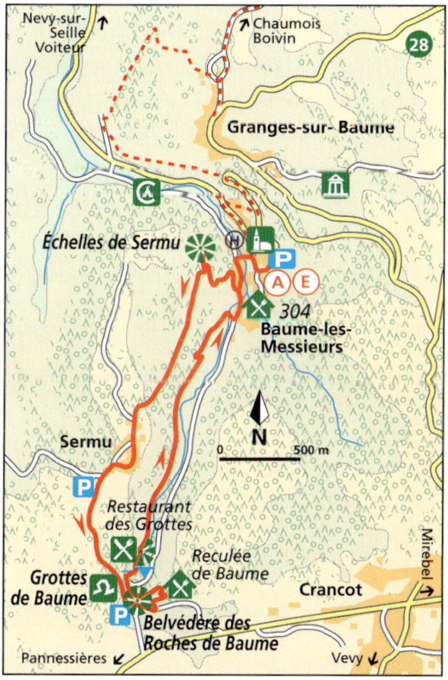

29 Die Fünf-Seen-Tour

Aussicht und Badespaß: La Fromagerie – Lac de Narlay – Belvédère des 4 Lacs – Pic de l'Aigle – Lac de Bonlieu – La Fromagerie

mittel

20 km

4½ Std.

↑300 m
↓300 m

Tourencharakter: Beschauliche Seenwanderung. Kurze, aber kräftige Steigungen nur zu den Aussichtspunkten.
Beste Jahreszeit: Zu sommerlichen Badetemperaturen, aber auch im Frühling und Herbst, wenn kaum Touristen unterwegs sind.
Ausgangs-/Endpunkt: Hameau La Fromagerie (772 m).
Wanderkarte: IGN-Karte 1:50 000, Parc régional du Haut-Jura; IGN 1:25 000, Blatt 3326 ET Champagnole.
Markierung: Weiß-rot, gelb, gelb-blau, Hinweisschilder.
Verkehrsanbindung: La Fromagerie liegt an der D 39, 1 km von Ilay an der N 78, Anfahrt über die N 5 Dijon – Genf. Busverbindung Lons-le-Saunier – Bonlieu – Morez.
Variante: Am Parkplatz des Petit Maclu kann auch dem flachen Uferweg zurück zur Fromagerie gefolgt werden: 10 km, 2 Std., sehr kinderfreundlich.
Einkehr/Unterkunft: L'Eolienne in La Fromagerie, Tel. 03/84 25 50 60 (www.eolienne.net), sympathische Atmosphäre, fantastische Küche, Botanischer Garten; Camping Sur Narlay, Le Frasnois, Tel. 03/84 25 51 36, 15.5.–15.9., direkt am See; Hôtel l'Alpage, Bonlieu, Tel. 03/84 25 57 53.
Tourist-Info: Office de Tourisme du Pays des Lacs, 36, Grande Rue, F-39130 Clairvaux-Les-Lacs, Tel. 03/84 25 27 47, Internet www.region-des-lacs-jura.com

Angler werfen ihre Leinen aus, hie und da quakt ein Frosch. Relaxte Stimmung im Seenland (→Région des Lacs du Jura). Abgeschieden und ruhig, wie es für den Jura so typisch ist, liegen unzählige Seen lieblich eingebettet zwischen Wald- und Wiesenland und sorgen mit stimmungsvollen Uferwegen und Aussichtspunkten für eine Menge Entspannung und Badegaudi.

Friedliche Idylle am Lac de Bonlieu

Der Wegverlauf

Ein guter Startpunkt ist die Auberge Eolienne im Weiler **La Fromagerie**. Direkt hinterm Haus schlägt man den weiß-rot markierten Wanderweg GRP (Tour du Pays des Lacs) ein, der nach Le Frasnois und hinunter in den Weiler Narlay führt. Nun gelb markiert, wird der gleichnamige See umrundet, bis wieder auf den GRP gestoßen wird. Am Parkplatz

29

Tipp Ein Highlight der Umgebung sind die **Wasserfälle des Hérisson**. Wer von La Fromagerie startet, braucht hin und zurück etwa 3 Std.

des Sees Le Petit Maclu der Hauptstraße ein Stück nach links folgen und in den ersten Waldweg nach rechts gehen. Sobald dieser auf einen querlaufenden Forstweg trifft, geht es scharf rechts einen Pfad steil bergauf. Ist eine geteerte Forststraße erreicht, nach rechts stetig bergauf bis zu einem kleinen Parkplatz. Nun folgen wir dem Trampelpfad nach rechts zum **Belvédère des 4 Lacs** (937 m, 1:45 Std.) mit Panoramatafel und fantastischem Seeblick. Auf schmalem Waldpfad, gelb-blau markiert, entlang der Krete gegen Südwesten zum **Pic de Aigle** (991 m, 2:15 Std.), einem weiteren hervorragenden Aussichtspunkt. Nach dem Abstieg bis **Ilay** (767 m) wird wieder dem GRP gefolgt. Weiter über den Saut Girard, dem ersten der berühmten Hérisson-Kaskaden, zur stark befahrenen N 78. Diese ein paar Meter nach links, dann rechts in einen Forstweg (GR 559) zum **Lac de Bonlieu** (801 m, 3:15 Std.). Bänke laden zum Picknick und zur Muße ein. Auch zu diesem See gehört ein Aussichtspunkt, erreichbar über die Forststraße zu Beginn des Sees in 1,5 Kilometern bergwärts. Nach einer halben Seeumrundung stößt man auf einen querlaufenden Forstweg, dem wir nach rechts bis zur Straße folgen. Hier nach links, hinter dem Campingplatz wieder links bis zum Dorfeingang von **Bonlieu** (775 m, 3:45 Std.). Rechts schräg gegenüber der N 78 zieht sich der GR 559 den Berg hinauf und in nordöstlicher Richtung durch Wiesen und Wälder zum **Saut Girard**. Hinter dem Wasserfall links zum Weiler La Fromagerie (4:30 Std.) hinauf.

30 Lac de Vouglans

Ein kanadischer Fjord und die Wallfahrtskirche St-Christophe: St-Christophe – Bois de sous Pierre – St-Christophe

leicht

8 km

2 1/2 Std.

↑66 m
↓66 m

ja

Tourencharakter: Wenig anspruchsvolle Halbtageswanderung mit Seeblick.
Beste Jahreszeit: Frühling bis Spätherbst.
Ausgangs-/Endpunkt: St-Christophe (574 m).
Wanderkarte: IGN-Karte 1:25 000, Blatt 3327OT St-Claude/Lac de Vouglans.
Markierung: Gelbes Dreieck, roter Punkt.
Verkehrsanbindung: Anfahrt von Pont-de-Poitte auf der D 49, dann links (D 60) nach St-Christophe, 9 km.
Einkehr/Unterkunft: In Pont-de-Poitte.
Tourist-Info: Office de Tourisme du Pays des Lacs, 36, grande rue, Clairvaux-Les-Lacs, Tel. 03/84 25 27 47, Internet www.region-des-lacs-jura.com

Seit 1968 ist der Fluss Ain bei Vouglans gestaut und hat große Teile der Gorges de l'Ain unter Wasser gesetzt. Aus der Not wurde hier eine Tugend gemacht, ein üblicherweise als hässlich bezeichneter Stausee in ein Badeparadies verwandelt, idyllische Buchten mit Sandstränden aufgefüllt, Wassersportstandplätze, Ufer- und Aussichtsrestaurants geschaffen. Mit seinem türkisgrün leuchtenden Wasser und waldigen Steilhängen erinnert er stark an einen kanadischen Fjord. Auf unzähligen Wanderwegen können seine Ufer erkundet werden. Ein besonders verwunschener Flecken findet sich bei St-Christophe.

Aussichtsreicher Rastplatz über dem Lac de Vouglans

Der Wegverlauf

Das Sträßchen am südlichen Ortseingang von **St-Christophe** (556 m) gegen Südosten (mit gelbem Dreieck markiert) wechselt bald in einen karstigen Wiesenpfad, der rasch in den Wald **Bois de sous Pierre** eintaucht. Kein gewöhnlicher Wald, sondern haushoher Buchs-Dschungel mit dicken, vermoosten Stämmen, durch den für den Wanderer romantische Tunnelröhren geschnit-

30

Die Wallfahrtskirche von St-Christophe

ten sind. Ab der nächsten Weggabelung wird dem roten Punkt nach links weiter gefolgt (der Weg rechts führt zum Badestrand von La Tour-du-Meix). Schließlich gelangt man zur Felskante (508 m, 1 Std.) mit Postkartenblick auf den **Lac de Vouglans**. Im Süden sieht man die Pont de la Pyle, eine wuchtige Spannbetonbrücke, deren 74 Meter hohe Pfeiler zum größten Teil im Wasser verschwinden. Nun zunächst gegen Norden am Abbruch entlang, dann steil durch Buschwerk zum See hinunter. Zu Beginn eine kleine, schattige Badebucht, ansonsten Steilufer. Bald stößt der Uferpfad auf einen Querweg, dem nach rechts gefolgt wird. In stetiger Steigung auf das Wiesenplateau von **St-Christophe** und zur Wallfahrtskirche (574 m, 2:30 Std.). Das frühgotische Gotteshaus in herrlich aussichtsreicher Lage beherbergt neben einer seltenen Darstellung der Heiligen Vier Könige auch einen bemerkenswerten Schnitzaltar (16. Jh.), eine Madonnenstatue (15. Jh.) sowie ein alabasternes Kruzifix in der Seitenkapelle.

31 Crêt de Chalam

Im Herzen des Naturparks: Borne au Lion – Crêt de Chalam – Col des Salettes – Ferme du Berbois – Borne au Lion

anspr.

17 km

5 3/4 Std.

↑300 m ↓300 m

Tourencharakter: Anspruchsvolle Bergwanderung auf überwiegend unbefestigten Wegen.
Beste Jahreszeit: Frühsommer bis zum ersten Schneefall, am schönsten im Mai zur Narzissenblüte.
Ausgangs-/Endpunkt: Borne au Lion (1289 m).
Wanderkarte: IGN-Karte 1:50 000, Parc régional du Haut-Jura.
Markierung: Gelb, gelb-rot, weiß-rot, Hinweisschilder.

Verkehrsanbindung: Anfahrt von Genf A 40, dann A 404, Oyonnax, les Bouchoux, La Pesse oder vom Genfersee über Gex, Col de la Faucille, Lajoux, Les Moussières, La Pesse.
Einkehr/Unterkunft: Ferme du Berbois, Tel. 03/84 42 72 41, Refuge La Guinette, Tel./Fax 03/84 41 65 82.
Tourist-Info: Point Info, F-39370 La Pesse, Tel. 03/84 42 72 85.

Die Route zieht sich ausschließlich durch den Parc naturel régional du Haut-Jura, der als 145 580 Hektar großer Naturpark 1986 gegründet wurde. Die dichten Wälder sind aufgelockert von weiten Hochtälern und schmalen Combes, die gerade im Frühling mit einem Meer aus Osterglocken und Narzissen bezaubern. Nur hier und da ein weltfernes Dörfchen, ansonsten ist Stille und Einsamkeit der Wegbegleiter. Zwei markante Kalkriffe grüßen am Borne au Lion, der Crêt au Merle und der Crêt de Chalam. Letzterer ist die höchste Erhebung des Naturparks und ein geschätztes Gipfelziel.

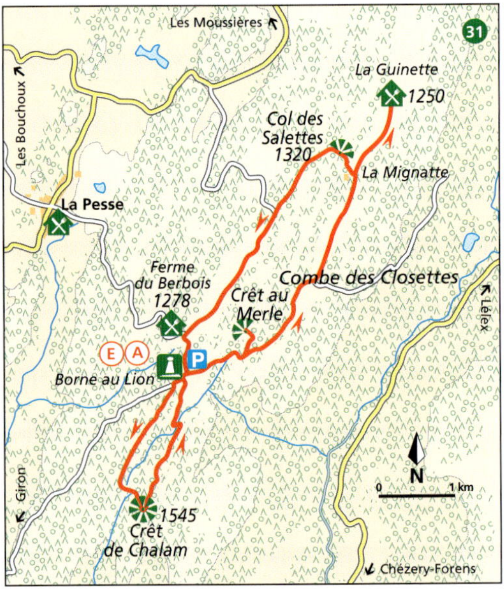

Der Wegverlauf

La Borne au Lion – ein Partisanen-Denkmal krönt die aussichtsreiche Höhe. Hier verlief einmal die Grenze zwischen Frankreich, Spanien und Savoyen, wer

31

Special

Auf dem Gelände der Ferme Anquerne nahe dem See von L'Embouteilleux zwischen La Pesse und Les Moussières tummelt sich eine große Herde von Wildpferden, die ein Bauer dort aus Liebe frei aufwachsen lässt. Eine wunderbare Gegend zum Wandern. In Les Moussières kann außerdem eine Käsekooperative besucht werden.

hätte das gedacht? Auf dem Grenzstein unterhalb des Denkmals, erkennt man den Löwen, das Wahrzeichen der Franche-Comté, die königlichen Lilien Frankreichs und das Datum 1613. Wir gehen ein Stück auf dem breiten Forstweg nach rechts, dann nach links. Der gelben Markierung folgend zieht sich der Pfad durch Wald aufsteigend im südwestlichen Halbrund um das Kalkriff herum. Über den grasigen Südgrat (im Mai voller Narzissen) wird schließlich der **Crêt de Chalam** (1545 m, 1:15 Std.) erklommen. Gewaltig vor allem der Blick auf die Grenzkette des Hochjuras, die im Crêt de la Neige gipfelt (→Tour 34). Der Abstieg erfolgt über den recht steilen Nordgrat, dann durch Wald zurück zu Borne au Lion (2:15 Std.). Nun folgen wir rechts dem gelb-rot markierten GRP. Der Schotterweg führt unter der Crêt au Merle entlang, taucht in den Wald, geht dann durch ein liebliches Hochtälchen und erreicht bei la Mignatte eine Weggabelung. Sehr lohnend ist hier die Fortsetzung geradeaus zur nahen **Refuge La Guinette** (1250 m). Sie ist eine der ältesten Herbergen des oberen Jura, hervorragend restauriert, mit guter Küche und herzlicher Atmosphäre. Ansonsten geht es links auf dem GR 9 zum **Col des Salettes** (1320 m, 4:15 Std.) hinauf. Bei der nächsten Weggabelung links und durch ein Hochtal zur **Ferme du Berbois** (1278 m), dort links zurück zum Parkplatz am **Borne au Lion** (5:45 Std.).

Das Hochtal von Bellecombe nahe der Refuge La Guinette

32 Divonne-les-Bains

Aussichtswandern am Mont Mourex: Divonne-les-Bains – Mont Mussy – Mont Mourex – Divonne-les-Bains

leicht

10 km

2 1/2 Std.

↑281 m ↓281 m

ja

Tourencharakter: Familienfreundliche, gemütliche Halbtageswanderung mit Aussicht auf gut markierten Wegen.
Beste Jahreszeit: Das ganze Jahr über. Am schönsten bei Alpensicht.
Ausgangs-/Endpunkt: Divonne-les-Bains (473 m), Parkplatz am Hôtel de Ville.
Wanderkarte: IGN-Karte 1:50 000, Blatt 3615, Parc naturel régional du Haut-Jura; Landeskarte der Schweiz 1:25 000, Blatt 1280 Gex.
Markierung: Gelb, Hinweisschilder.
Verkehrsanbindung: Anfahrt vom Genfersee auf der A 1, Ausfahrt Coppet, 5 km bis Divonne. Zug- und Busverbindungen mit Bellegarde/Genf/Nyon.
Einkehr: La Ferme du Mont Mussy, Tel. 04/50 20 24 52.
Unterkunft: Château de Divonne****, Tel. 04/50 20 00 32, Hôtel Beauregard*, Tel. 04/50 20 04 35, etc.
Tourist-Info: Office de Tourisme, F- 01220 Divonne-les-Bains, Tel. 04/50 20 01 22, Fax 04/50 20 32 12, E-Mail accueil@divonnelesbains.com, Internet www.divonnelesbains.com

Divonne-les-Bains im →Pays de Gex ist ein Kurort mit Charme; blumengeschmückt die Gassen und Uferwege an der wasserreichen Divonne, der ortseigene See (Lac de Divonne) lädt zum Wassersport ein, die Terrassen der Bars und Cafés zum Cappuccino, Beobachten und Zeitung lesen. Doch außer kuren und seine Seele baumeln lassen kann man hier auch ganz beschaulich wandern. Am besten am Hausberg des Städtchens, dem langgestreckten Höhenrücken des Mont Mussy, der im Mont Mourex gipfelt.

Der Wegverlauf

Am Hôtel de Ville hinter dem Casino von Divonne-les-Bains beginnt der Wanderweg. Er führt zunächst parallel zur D 984 am Golfplatz vorbei zur **Grande Source de Divonne**, der Quelle der

Weitsicht auf Genfersee und Alpenkette vom Mont Mourex

32

Tipp In Divonne wird einiges für die Musik getan. Neben unzähligen Konzertveranstaltungen mag das Open-Air-Jazzkonzert interessant sein, dass jeden Freitagabend auf der Place des Trois Fontaines stattfindet (April bis Sept.).

Versoix. Dahinter überquert er die Straße und setzt sich im Sentier des Dames fort, der in Kehren den waldigen Hang aufsteigt. Hübsch auf einer aussichtsreichen Lichtung liegt die **Ferme du Mont Mussy** (670 m), ein wunderbarer Rastplatz, um sich mit heimischer Küche zu stärken. Einheimische kommen gern auch abends zur Kerzenlichtromantik, denn die urige Stube verfügt über kein elektrisches Licht. Weiter geradeaus zum **Mont Mussy** (704 m). Der Wanderweg führt nördlich am höchsten Punkt vorbei. Dichter Wald gibt hier keine Aussicht preis. Diese offenbart sich erst kurz vor dem höchsten Punkt des **Mont Mourex** (754 m, 1:15 Std.). Auf einer Gipfelbank kann mit Muße die Aussicht genossen werden. Bei klarer Sicht ziert die Alpenkette den östlichen Horizont, im Rücken beeindruckt der Steilabbruch der höchsten der Juraketten, Blickfang ist der Sendemast des Petit Montrond, daneben der Sattel des Col de la Faucille (→Tour 33). Links des offiziellen Wanderwegs kann auch der Grasweg über die aussichtsreiche Gipfelmatte genommen werden. Er führt an einem Markierungspfosten der LEP vorbei. Der 27 Kilometer lange Lichtgeschwindigkeitstunnel des CERN ist das weltweit größte wissenschaftliche Instrument. Der Graspfad mündet wieder in die markierte Route und steigt ins Dörfchen **Mourex** (651 m) hinab. An der Hauptkreuzung links ein Stück der Straße folgen, dann links auf dem Wanderweg am Waldrand entlang über Crépillon (558 m) und Arbère (504 m) zurück nach **Divonne** (2:30 Std.).

33 Col de la Faucille

Wanderklassiker über dem Genfersee: Col de la Faucille – Grand Montrond – Petit Montrond – Col de la Faucille

leicht

7 km

2 Std.

↑ 300 m
↓ 300 m

ja

Tourencharakter: Familienfreundliche und vielbegangene Halbtageswanderung mit viel Aussicht.
Beste Jahreszeit: Juli bis Sept.
Ausgangs-/Endpunkt: Col de la Faucille (1323 m).
Wanderkarte: IGN-Karte 1:50 000, Parc naturel régional du Haut-Jura.
Markierung: Weiß-rot und gelb, Hinweisschilder.
Verkehrsanbindung: Busverbindung Bellegarde (Bahnanschluss) – Mijoux, Sesselbahn Mijoux – Col de la Faucille, 9.15–12 Uhr, 13.45–18 Uhr; Gondelbahn vom Pass auf den Petit Montrond, 9–18 Uhr, beide Juni – Sept., Tel. 04/50 41 32 90. Anfahrt vom Genfersee A1 Ausfahrt Coppet via Gex.
Variante: Lohnend ist eine Gratüberschreitung auf dem GR 9 bis zur Rhone-Klus (ca. 3 Tage). Sobald man aus dem Bereich der leicht zugänglichen Gratstationen kommt, steht die Einsamkeit auf der Tagesordnung. Vorsicht ist nur bei Nebel geboten, denn dann kann die Route im teilweise weglosen Gelände leicht zu einer Irrwanderung werden. Verbindung mit Tour 34: Col de la Faucille – Colomby de Gex – Col de Crozet: 4 Std.
Einkehr: Panoramarestaurant auf dem Petit Montrond.
Unterkunft: Hôtel La Petite Chaumière, Tel. 04/50 41 30 22; Hôtel de la Couronne, Tel. 04/50 41 32 65.
Tourist-Info: Office de Tourisme du Pays de Gex, F-01174 Gex, Tel. 04/50 41 53 85, Fax 04/50 41 81 00, E-Mail ot.paysdegex@wanadoo.fr, Internet www.pays-de-gex.org

Der Col de la Faucille ist der wichtigste Passübergang zwischen Frankreich und der Schweiz. Souvenirshops, Restaurants und Hotels haben sich breit gemacht und nutzen das Bedürfnis des Durchreiseverkehrs hier auszusteigen, um die Aussicht zu genießen und sich die Füßse zu vertreten. Während der weißen Jahreszeit bildet der Pass zusammen mit Lélex/Crozet (Tour 34) die größte Skistation des Jura.

Aussichtsbalkon Grand Montrond auf das Pays de Gex, den Genfersee und die Alpenkette

33

Der schönste Abschnitt des GR9 ist die Gratüberschreitung der höchsten Jurakette vom Petit Montrond bis zur Rhone-Klus.

Der Wegverlauf

Vom **Col de la Faucille** über die großen Parkflächen zum Hotel La Petite Chaumière an der Talstation der Sesselbahn (1318 m). Dort bergwärts dem weiß-rot markierten Fernwanderweg GR 9 folgen, der über Le Crozat (1484 m) die Kammhöhe am **Grand Montrond** (1614 m; 1 Std.) erreicht. Schroff stürzen hier die Felsen zur Schweiz ab. Ein Abbruch von über 1000 Höhenmetern auf nur drei Kilometern Luftlinie bis Gex. Hier bietet sich uns ein schwindelnder Tiefblick auf den Flickenteppich aus Feldern, Wiesen und Dörfern des Pays de Gex. Der Genfersee oft dunstverhüllt, dahinter die leuchtende Alpenkette, dominiert vom Mont Blanc, dem König der Berge. Vom Gipfel nun der gelben Markierung gegen Norden folgen, im leichten Auf und Ab über baumlose Alpweiden am Grat entlang auf den weithin sichtbaren Sendemast des **Petit Montrond** (1533 m) zu. Von einer Plattform mit Orientierungstafel kann nochmals der Ausblick genossen werden, und das Gipfelchaos bekommt endlich auch einen Namen. Von der Bergstation auf einem Teersträßchen oder über die Skipiste abkürzend zurück zum Col de la Faucille (2 Std.).

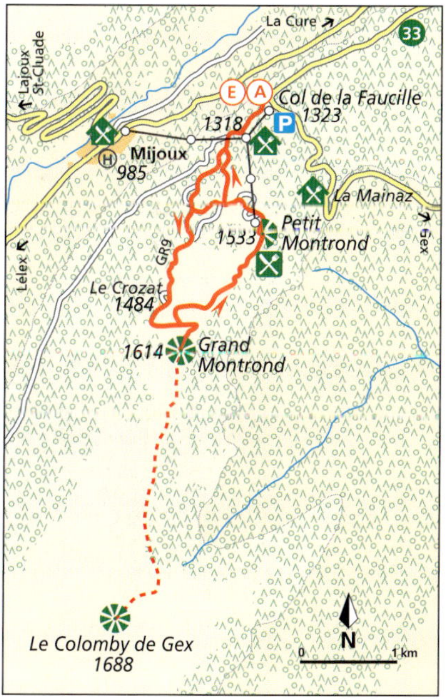

34 Crêt de la Neige

Am höchsten Gipfel des Jurabogens: Lélex – Crêt de la Neige – Le Reculet – Derrière Thoiry – Le Niaizet – Lélex

anspr.

14 km

4 3/4 Std.

↑ 292 m
↓ 867 m

Tourencharakter: Aussichtsreiche Kammwanderung mit einem Steilabstieg (bei Nässe unangenehm rutschig). Dieser kann umgangen werden, indem man auf gleichem Weg oder über die Alp Brulat d'en haut (1505 m) wieder zur Seilbahn (Achtung: Fahrbetrieb nur Juli/Aug.) zurückkehrt. In dem wasserlosen Gelände sollte man sich mit genügend Trinkwasser versorgen.
Beste Jahreszeit: Juni bis Okt. Besonders schön im Frühsommer, wenn die Alpwiesen voller Narzissen leuchten, und bei Klarsicht.
Ausgangs-/Endpunkt: Lélex (898 m).
Wanderkarte: IGN-Karte 1:50 000, Parc régional du Haut-Jura.
Markierung: Weiß-rot und gelb, Hinweisschilder
Verkehrsanbindung: Lélex liegt im Valserine-Tal, 28 km von Bellegarde und 33 km vom Col de la Faucille. Parkplatz an der Talstation der Seilbahn. Busverbindung mit Bellegarde (Bahnanschluss), Seilbahn Lélex-Crozet, Mitte Juli – Mitte Aug., Tel. 04/50 20 90 60.
Einkehr: Bergstation/Restaurant La Catherine, nur während des Bahnbetriebs geöffnet.
Unterkunft: Refuge de la Loge (1437 m), Tel. 04/50 20 90 46, bew. von Juni – Anfang Sept., sonst Selbstverpflegung; Chalet de Curson (1600 m), Tel. 04/50 41 26 55, 06/89 39 91 72, von Juni – Okt. an Wochenenden, Juli/ Aug. von Mittwochabend bis So.
In Lélex: Hôtel Crêt de la Neige, Tel. 04/50 20 90 15, Hôtel Mont Jura Tel. 04/50 20 90 53.
Tourist-Info: Office de Tourisme Monts Jura, an der Seilbahn, F-01410 Lélex, Tel. 04/50 20 91 43, Fax 50 20 93 95, E-Mail otmtjura@cc.pays-de-gex.fr, Internet www.monts-jura.com.

Der Crêt de la Neige ist mit 1717,6 m der höchste Punkt im Jura.

Traumblicke auf den Genfersee und die Alpenkette, ins Valserine-Tal und über die Jurawellen begleiten die Kammüberschreitung der höchsten Jurakette. Sie gilt als eine der schönsten Teiletappen des Fernwanderweges GR 9 und ist das Highlight jurassischer Wandermöglichkeiten. Schließlich erobert man auch den Top of Jura, den Crêt de la Neige. Er ist der höchste Punkt des gesamten Jura und bekommt deshalb auch häufiger Besuch, was zur Folge hat, dass die Wege etwas ausgetrampelter und somit bei Nebel leichter zu finden sind. Noch besser ist die Aussicht von dem nur 20 Zentimeter kleineren Reculet. Vielleicht mag sein wuchtiges Eisenkreuz der Grund sein, dass manche Karten ihn mit zwei Metern höher verzeichnen.

34

Der Wegverlauf

Von der Bergstation der Seilbahn **Lélex–Crozet** (1440 m) ergeben sich zwei Möglichkeiten. Die gelbe Markierung nach links steigt etwas schneller zum Grand Crêt hinauf, der weiß-rot markierte GR 9 nimmt nach rechts den kleinen Umweg über die Refuge de la Loge (1436 m). Beide Routen treffen sich unterhalb des Kamms. Vom **Grand Crêt** (1702 m) geht es nach rechts den Grat entlang erst über Grasmatten, dann durch ein felsig zerklüftetes Gelände bis zur **Crêt de la Neige** (1717,6 m, 1:40 Std.). Nur kurz dahinter zweigt ein Weg nach links zur Alphütte von Curson (1600 m, 1:55 Std.) ab. Die Kammroute zieht sich über eine Senke zum **Reculet** (1717,4 m, 2:25 Std.) hinauf. Für den Abstieg ins Valserine-Tal geht es zurück in die Senke und westlich zur nahen Alphütte **Derrière Thoiry** (1591 m). Bei der Weggabelung kurz dahinter nach rechts in den **Sentier les 32 Contours** einschlagen, der wenig später in den Wald taucht und in steilen Serpentinen im Talgrund am **Plat des Menues** (885 m, 3:45 Std.) ausläuft. Dort nach rechts etwa 200 Meter der Straße folgen. Am Haus von Niaizet zweigt nach links der Wanderweg ein, der über die **Pont du Niaizet** (855 m) zurück nach Lélex (4:45 Std.) führt.

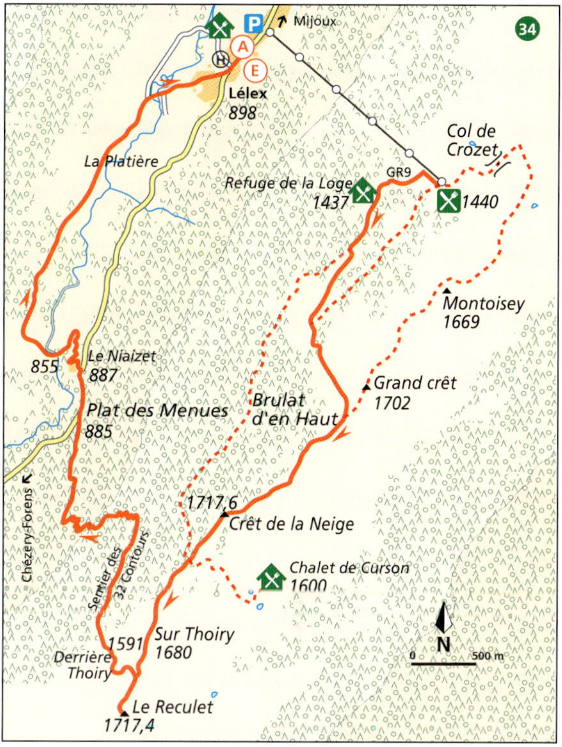

35 Farges – Crêt d'Eau

Kammroute für Abenteurer: Farges – Pré Bouillet – Chalet du Sac – Crêt de la Goutte – Chalet Bizot – Ecorans – Farges

anspr.

17 km

6 Std.

↑1103 m ↓1121 m

Tourencharakter: Lange und anspruchsvolle Bergtour, im Gipfelbereich durch zum großen Teil wegloses Gelände. Guter Orientierungssinn nötig. Die steilen Auf- und Abstiege sind bei Nässe sehr rutschig. Als Variante bietet sich der Abstieg über das Chalet Sorgia d'en Bas und Pré Seigneur nach Bellegarde (Bus) an, der weniger steil ist. Unterwegs weder Trinkwasser noch Einkehr vorhanden.
Beste Jahreszeit: Frühsommer bis zum ersten Schneefall.
Ausgangs-/Endpunkt: Farges (518 m).
Wanderkarte: IGN-Karte 1:50 000, Parc naturel régional du Haut-Jura oder IGN-Karte 1:25 000, Blatt 3330, Bellegarde-sur-Valserine.
Markierung: Weiß-rot, Hinweisschilder. Nur im Auf- und Abstieg gut markiert.
Verkehrsanbindung: Farges und Collonges liegen westlich von Genf an der D 984 zwischen Gex und der Rhoneklus, sowie an der Buslinie Divonne – Bellegarde.
Unterkunft/ Einkehr: Château de Farges***, Tel. 04/50 56 71 71, Fax 50 56 71 72; Refuge Pré Bouillet, Tel. 04/50 59 63 85; Chalet du Sac, primitive Selbstversorgerhütte, immer offen.
Tourist-Info: Office de Tourisme de Collonges, F-01550 Collonges, Tel. 04/50 59 40 78, Fax 04/50 59 49 54, E-Mail ot.collon@cc-ays-de-gex.fr. Jede Sommersaison (Juli – Sept.) zieht das Büro ins 1 km entfernte Fort l'Ecluse um.

Die Infrastruktur im Französischen Jura ist auf Tagesgäste eingerichtet, und so wird die Überschreitung der höchsten Jurakette zu einem kleinen Abenteuer, je weiter man sich von den Liftanlagen am Col de la Faucille und Col de Crozet entfernt. Unterwegs wird es kein Trinkwasser und keine Einkaufsmöglichkeit geben, kaum eine Unterkunft oder ein Restaurant, und die Pfade sind nur in der Nähe der Bergbahnen gut erkennbar. Dafür gibt es neben der vielgerühmten Aussicht jede Menge Einsamkeit. Bei klaren Wetterverhältnissen bietet sich ein gigantisches Panorama. Sind die vorgestellten Teiletappen des GR 9 (Tour 33, Tour 34) eher als einfach, gut markiert und leicht erreichbar einzustufen, so handelt es sich bei dem Gratabschnitt am Crêt

Panoramatafel am Crêt d'Eau

d'Eau genau um das Gegenteil. Dort führt die Route zum großen Teil durch wegloses Gelände, die Markierungen sind rar und leider nicht immer sofort ersichtlich. Trittsicherheit und gutes Orientierungsvermögen sind hier notwendig, besonders dann wenn wie allzu häufig Nebel aufkommt. Auch Auf- und Abstieg sind recht abenteuerlicher Natur. Vor allem der Abstieg ist kniemörderisch, zieht sich sozusagen per Luftlinie steil ins Tal hinab und ist bei Nässe ein mühsames Unterfangen. Dafür durchschreitet man Wälder, die man vielleicht in Neuseeland vermutet hätte. Vermooster Dschungel, in dem es tropft und gluckst, wild überwuchert das Unterholz, riesige Farne und gewaltige Baumriesen, von denen lange Flechten hängen, vermitteln das Gefühl, durch einen Märchenwald zu wandeln.

Wegverlauf

Von der Kirche in **Farges** (518 m) schlägt man nach links den Chemin de Bendet ein, der sich zunächst geteert, dann als Fußweg steil hinauf zieht und das Bergsträßchen Rue du Col du Sac abkürzt. Die Route ist als GR Tour du Léman weiß-rot markiert. Wiesen wechseln mit Wald ab. Über die Weide von Le Replat (45 Min.) geht es zur Forsthütte von **Pré Bouillet** (1045 m, 1:15 Std.). Dahinter wendet sich der Pfad nach rechts, dann an der nächsten Weggabelung nach links, weiter durch den Wald, wo wir an Höhenmetern gewinnen. Noch zweimal wird das geteerte Bergsträßchen gequert, dann taucht eine Lichtung mit Wegkreuzung auf. Die **Combe du Petit Louis** (1321 m, 2 Std.)

ist erreicht und man wendet sich nach links. Nun weitaus weniger steil, wird urwüchsiger Märchenwald durchschritten, bis die ersten Alpweiden auftauchen und ein Schild darauf hinweist, dass man sich im Réserve Naturelle Haute Chaine du Jura befindet. Seit 1993 ist der Höhenkamm zwischen der Schweizer Grenze und dem Grand Crêt d'Eau als Naturreservat ausgeschrieben, um die ausgesprochen vielfältige Pflanzen- und Tierwelt zu schützen. Nach einem Weidezaun der erste Blick zum Kamm. Über offenes Wiesengelände ist schnell das **Chalet du Sac** (1381 m) erreicht. Die Mulde ist übrigens ein beliebter Aufenthaltsort für Gämsen. Wer hier nach rechts aufsteigt, kann schon in 10 Min. am Col du Sac die Höhe erreichen. Ansonsten hält man sich geradeaus, quert unterhalb des Crêt de l'Aiguillon die Grasflanke und erreicht nach rechts ansteigend am **Pierre à Fromage** (1510 m) den Sattel, der sich zum Crêt de la Goutte hinaufzieht. Hier ist es besser, nicht durch das Drehkreuz, sondern an der linken Seite des Zauns zum Gipfelkreuz des **Crêt de la Goutte** (1621 m, 3 Std.), dem höchsten Gipfel von Grand Crêt d'Eau, aufzusteigen. Eine Panoramatafel zeigt, was man sehen könnte, wenn keine Wolken am Kamm hängen bleiben, was häufig geschieht. Der weglose Abstieg erfolgt ostwärts in eine Mulde. Dort weist ein Hinweisschild südostwärts über eine schwache Pfadspur. Vorsicht, Kuhpfade verleiten zu Abwegen. Sich linkshaltend geht es leicht ansteigend und schließlich weglos auf den **Crêt du Miroir** (1592 m), eine Graskuppe am Ostrand des Gipfelplateaus von Grand Crêt d'Eau. Auch hier wieder ein Prachtspanorama auf die Genfer Region. Ein kurzes Stück die gleiche Abstiegsroute hinab, dann südostwärts durch die grasige Mulde leicht ansteigend, bis man kurz vor der Kuppe mit Sende-

35

Tipp

Eine beliebte Attraktion ist die Besichtigung des **Fort l'Ecluse** im Rhonedurchbruch, nur 1 km von Collonges entfernt. Zwei gewaltige, übereinander liegende Festungen bewachen die bewaldete Schlucht Défilé de l'Ecluse und sind von Collonges über einen idyllischen Wanderpfad, den **Sentier du Fortin** (gelb markiert) in 45 Min. erreichbar. Tägliche Führungen durch die Festung von Ende Juni bis Anfang Sept., 14–19 Uhr, So ab 13 Uhr, Mo geschl., Tel. 04/50 59 68 45. Einen besonders schönen Blick auf den Rhonedurchbruch und die Festungsanlagen hat man vom Aussichtshügel des Dörfchens Léaz, 5 km von Collonges entfernt.

mast schwache Abstiegsspuren und die verblasste weiß-rote Markierung ausfindig macht, die nach links abwärts zum **Chalet Bizot** (1511 m) führen. Dort dann die unterhalb liegende grasige Waldlichtung nordwärts queren und rechtshaltend in einen urwüchsigen Märchenwald eintauchen. Ab nun beginnt anstrengende Kniearbeit über einen erdigen und rutschigen Pfad, der so gut wie in Luftlinie nach **Collonges** (500 m, 5 Std.) führt. Verständlich, wer nach solch einem Abstieg genug hat. Ein regelmäßig verkehrender Bus erleichtert die Rückkehr nach Farges. Ansonsten biegt man, kurz bevor die Abstiegsroute aus dem Wald tritt, nach links auf den von Farges kommenden Weitwanderweg und wandert gegen Norden über die hübschen, blumengeschmückten Weiler von Ecorans und Airans zurück nach Farges (6 Std.).

Der Aussichtshügel beim Dörfchen Léaz bietet die beste Sicht auf die Rhone-Klus.

ANREISE

Mit der Bahn: In der Schweiz kein Problem, da ist der Jura mit einem erfreulichen Netz an Schienen versehen. Von Deutschland in den französischen Jura zu kommen, stellt sich als umständliche Angelegenheit heraus. Von französischer Seite hingegen bestehen gute TGV-Verbindungen. Die günstigsten Ausgangspunkte sind Besançon, Pontarlier, Arc-et-Senans, Arbois, Poligny, Lons-le-Saunier, Champagnole, St-Laurent-en-Grandvaux, St-Claude, Gex und Bellegarde. Infos: Französische Eisenbahnen SNCF c/o Rail Europe, Lindenstr.5, D-60325 Frankfurt, Tel. 0180/52 18 238, Fax 069/97 58 46 35, E-Mail info-sncf@raileurope.de

Mit dem Auto: Von Deutschland erfolgt die Anreise in der Regel über die Rheintalautobahn A 5 entweder auf der Höhe von Müllheim rechts ab auf die A 36 über Belfort nach Besançon oder ab Basel auf der A 2, die später in die A 1 Richtung Bern und Genf mündet. Eine große Erleichterung für Ost-West-Querer sind die relativ neuen Autobahnen A 16 Biel – Delémont – Porrentruy, sowie die A 5 Solothurn – Biel und Neuchâtel – La Chaux-de-Fonds. Die Entfernungen sind im Allgemeinen nicht allzu groß: Freiburg – Besançon 150 km, Genf – Besançon 190 km, Besançon – Pontarlier 55 km, Montbéliard – Pontarlier 100 km, Basel – Genf 250 km.

Mit dem Flugzeug: Juranahe Flughäfen sind der Euroairport Basel/Mulhouse (Tel. 0033/3/89 90 31 11; 0041/61/325 31 11, Internet www.euroairport.com) im Norden und der Genfer Flughafen (Tel. 0041/22/717 71 11) im Süden.

Hochsaison der Weinlese ist der Oktober

AUSKUNFT

Schweizer Jura

Allgemein: Schweiz Tourismus, Postfach 16 07 54, D- 60070 Frankfurt, kostenloses Info-Tel. 00800/100 200 30, Fax 00800/100 200 31, E-Mail info.de@switzerland.com, Internet www.myswitzerland.com. Schweiz Tourismus, Postfach 34, A-1015 Wien.

Erntezeit

Baselland Tourismus (→Tour 3), Jura Tourismus (→Tour 7), Jura bernois Tourismus (→Tour 9), Kanton Solothurn Tourismus (→Tour 4), Neuchâtel Tourismus (→Tour 11),
Genferseegebiet: Office du Tourisme du Canton Vaud, Av. d'Ouchy 60, CH-1000 Lausanne, Tel. 021/613 26 26, Fax 613 26 10, E-Mail info@lake-geneva-region.ch, Internet www.genferseegebiet.ch

Französischer Jura

Allgemein: Maison de la France, Westendstr. 47, D-60325 Frankfurt, Tel. 0190/57 00 25, Fax 59 90 61, E-Mail franceinfo@mdlf.de, Internet www.franceguide.com. Maison de la France, Rennweg 42, CH-8023 Zürich, Tel. 0900/900 699, Fax 01/217 46 17, E-Mail tourismefrance@bluewin.ch. Maison de la France, Argentinierstr. 41a, A-1040 Wien, Tel. 01/503 28 90, Fax 01/15 03 28 71, E-Mail info@maison-de-la-France.at
Comité Régional du Tourisme de Franche-Comté, La City, 4, rue Gabriel Plancon, F-25044 Besançon Cedex, Tel. 03/81 25 08 08, Fax 81 83 35 82, E-Mail crt@franche-comte.org, Internet www.franche-comte.org
Agence de Développement et touristique du Doubs, 7, avenue de la Gare, F-25031 Besançon Cedex, Tel. 03/81 65 10 00, Fax 81 82 01 40, E-Mail aded@doubs.org, Internet www.doubs.org

Comité Départemental du Tourisme du Jura, 8, rue Louis Rousseau, F-39000 Lons-le-Saunier, Tel. 03/84 87 08 77, Fax 84 24 88 70, E-Mail jura@jura-tourism.com, jura@CDT-jura.fr, Internet www.jura-tourism.com
Maison du Tourisme du Territoire de Belfort, 2 bis, rue Clémenceau, F-90000 Belfort, Tel. 03/84 55 90 90, Fax 84 55 90 99, E-Mail otbtb@esso-info.fr
Comité Départemental du Tourisme de l'Ain, 34, rue Général Delestraint, F-01002 Bourg en Bresse Cedex, Tel. 04/74 32 31 30, Fax 74 21 45 69, E-Mail tourisme@cdt-ain.fr

AUTOBAHNEN

Auf den französischen Autobahnen werden Gebühren, je nach Abschnitt in unterschiedlicher Höhe, an sogenannten péages abkassiert. Wer die Autobahnen in der Schweiz benutzt, braucht eine Vignette, wenn er keine kostspielige Buße riskieren will. Sie ist an allen Grenzübergängen erhältlich, kostet 40 CHF und ist jeweils von 1.12. bis zum 31.1. des übernächsten Jahres gültig.

BAHN- UND BUSFAHREN

Vorbildlich ist das Schweizer Verkehrsnetz. Die gelben Postbusse verbinden auch die entlegensten Weiler regelmäßig mit Bahnhöfen und Städten. Ganz anders sieht das im Französischen Jura aus. Da ist man ohne eigenes Auto oft aufgeschmissen.

GELD

Seit 1. Januar 2002 ist der Euro Zahlungsmittel in Frankreich. Somit entfällt lästiges Umtauschen. Die Schweiz bleibt stur. Hier gilt nach wie vor der Schweizer Franken, härter denn je. Als Faustregel gilt der Umrechnungskurs Euro x 1.46 = CHF (Stand Januar 2003). Vielerorts kann natürlich auch in Euro gezahlt werden, man kommt dabei aber sehr schlecht weg.

KLETTERN & ABENTEUERPARCOURS

Kletterfelsen gibt es zur Genüge im Jura. Detaillierte Infos bei den jeweiligen Fremdenverkehrsämtern. Fédération Française de la Montagne et de l'Escalade (Französischer Gebirgs- und Bergsteigerverband), Kontakt Jura: Benoît Grasser, Tel. 06/81 23 09 10. Ein Zentrum des Outdoorsports ist Les Rousses. Hier gibt es

künstliche und natürliche Kletterwände. Der besondere Hit ist momentan der neue Abenteuerpark in der Festung Les Rousses. Da hangelt man sich mit Special Effects von Schutzwall zu Schutzwall.
Affenbrücke, Nepalbrücke, Mini-Ferrata etc. liefern jede Menge Nervenkitzel. Infos: Tel. 03/84 60 35 14. Auch am Col de la Faucille gibt es einen Funpark. Infos: Tel. 06/84 84 74 94, E-Mail info@jura-venture.com.
Buchtipp: Der Schweizer Verlag filidor hat in seiner plaisir-Serie auch den Jura vertreten.

Der Jura ist voller versteckter Kletterfelsen.

MOUNTAINBIKE

Der Jura ist ein Eldorado für Radfahrer und Montainbiker (in Frankreich heißt das VTT). Unzählige Wege, Trails und Rundtouren sind speziel ausgeschildert, in der Schweiz mit rotem Radsymbol, in Frankreich mit gelbem Dreieck und zwei Punkten. Hochburgen sind vor allem der Kanton Neuchâtel, das Département Jura, Métabief und Les Rousses. Berühmt ist auch die Grande Traverse du Jura (GTJ), eine mehrtägige Mountainbike-Durchquerung von Mandeure bis Hauteville-Lompnes (370 km). Einen umfangreichen Führer (Tous les Circuits du VTT du Jura) mit 100 Touren auf praktischen Faltblättern gibt's für 22,11 € bei: Comité Départementale du Tourisme, BP 458, F-39006 Lons-le-Saunier Cedex, Tel. 03/84 87 08 88. Die neun Karteikarten der GTJ (6.10 €) bei: GTJ, BP 132, F-39304 Champagnole Cedex, Tel. 03/84 52 58 10, E-Mail gtj@wanadoo.fr, Internet perso.wanadoo.fr/gtj. In der Region von Bellegarde sind 28 Rundtouren (300 km) für den Radsport ausgeschildert. Die Karte dazu (Circuit Touristique »Le grand 8 de l'Ain Jura-Sud«) ist beim Verkehrsamt erhältlich: Office du Tourisme de Bellegarde, Tel. 04/50 48 48 68.
Bei Neuchâtel Tourismus gibt es ein kostenloses Faltblatt mit 21 Rundtouren. Über Radvermietung und Tourenanbieter informieren die lokalen Fremdenverkehrsämter.

NATURSCHUTZGEBIETE

Neben einer Vielzahl von kleinen Naturschutzgebieten, Reservaten und Biotopen existieren auch zwei große Naturparks. Der 1973 gegründete 40 qkm große Parc jurassien vaudois erstreckt sich über den südlichen Teil des Vallée de Joux zwischen dem Col du Marchairuz und dem Col de la Givrine. Wälder und Weiden, soweit das Auge reicht, diese herrliche und noch unversehrte Parklandschaft sollte damit von Überbauung, land- und forstwirtschaftlicher Übernutzung verschont bleiben.

Tipp: Pro Natura Wanderführer durch 132 Naturschutzgebiete der Schweiz.

Den 145.580 ha großen **Parc naturel régional du Haut-Jura** teilen sich die Départements Ain, Jura und Doubs. Infos: Maison du Haut-Jura, F-39310 Lajoux, Tel. 03/84 34 12 30, Fax 84 41 24 01, E-Mail parc@parc-haut-jura.fr, Internet www.parc-haut-jura.fr

Reittrekking am Cirque d´Orvaz im Naturpark Jura

NOTRUFE

In der Schweiz gilt: Polizei Tel. 117 (auch für Bergrettung), Feuerwehr Tel. 118, Pannendienst Tel. 140.

Feuerwehr, Bergrettung und Polizei arbeiten in Frankreich zusammen. Bei Notfällen wählt man eine der folgenden Nummern, die für ganz Frankreich gelten: Pompiers Tel. 18; SAMU Tel. 15; Gendarmerie/ Police Tel. 17.

POSTGEBÜHREN

Schweiz: Briefe und Postkarten innerhalb der Schweiz kosten 70 Rp. (B-Post) oder 90 Rp. (A-Post), nach Deutschland/Österreich 1.10 CHF (bis 20 Gramm).

Frankreich: Briefe und Postkarten müssen mit 0,46 Euro frankiert werden.

REITEN

Der Jura ist ein Traumrevier für Pferd und Reiter. Hochburgen des Reitsports sind vor allem die Schweizer Freiberge (Infos beim Tourismusverein Saignelégier) und der Französische Naturpark des Hochjura, wo es viele Pferdehöfe und Anbieter für Reittrekking gibt z.B. werden von der Ferme du Berbois aus mehrtägige Reittrekkings veranstaltet. Ansprechpartner: Jean-Yves Comby, Tel. 03/84 42 70 43, Fax 84 42 73 36, E-mail: vu-den-haut@wanadoo.fr, Internet: www.massifdujura.com/vudenhaut

Beim CDT in Lons-le-Saunier gibt es die kostenlose Broschüre »Vacances à cheval«. Das umfangreiche Reitwegenetz kann auch gut mit dem eigenen Pferd angegangen werden. Beispielsweise an den Strecken des Reitclubs »Jura du Grand 8« (Département Jura) liegen zahlreiche Pferdeunterkünfte und Reitzentren. Infos: Service »Vacances à cheval«, Évelyne Foucault, Tel. 0033/ 3/ 84 87 08 83, Fax 0033/ 3/ 84 24 88 7, E-mail: evelyne. foucault@juratourism.com

TELEFON

Die Vorwahl für Deutschland ist 0049, für die Schweiz 0041 und für Frankreich 0033. Mit dem Mobiltelefon ist das so eine Sache. Besonders tiefe Täler und Schluchten sind prädestiniert für Funklöcher oder nur ganz schwaches Netz.

THEMENSTRASSEN

Im Französischen Jura verbinden verschiedene Themenstraßen zahlreiche Sehenswürdigkeiten. Die Route der Berge und Wunder (Route historique des Monts et Merveilles) führt von Schloss zu Schloss im weiten Bogen um Besançon. Der Französisch-Schweizer Kultur- und Technikweg (Route franco-suisse Cultures et Techniques) hat besondere Museen zum Thema. Die Route Vauban nimmt sich Vaubans imposante Festungen vor. Die Route Pasteur führt vom Geburtsort des genialen Wissenschaftlers bis zum Tatort seiner legendären Experimente, von Dole bis Arbois. Auf der Käsestraße (Route du Comté) können verschiedene Käsekooperativen besucht werden. Sie durchquert beinahe den gesamten Französischen Jura von St-Hippolyte bis Pouillet und gibt einen köstlichen Querschnitt durch das würzige Käsesortiment. Die 150 Kilometer lange Seenstraße (Route des Lacs) verbindet die schönsten Seen und Wasserfälle. Die 50 Kilometer lange Tannenstraße (Route des Sapins) dringt tief in das Herz der schönsten Nadelwälder und spürt beeindruckende Baumexemplare auf, manche über 45 Meter hoch und mit einem Durchmesser bis zu 1,30 Meter. Die Weinstraße (Route des Vins du Jura) schlängelt sich auf 80 Kilometern durch die liebliche Rebenlandschaft zwischen Beaufort und Arbois. Die Uhrmacherstraße (Route horlogère) ist als einzige grenzüberschreitend und klappert traditionsreiche Uhrmacherzentren von Neuchâtel bis Besançon ab.

Ferien auf dem Bauernhof ist vor allem bei Kindern gefragt und für Eltern eine charmante Alternative den Einheimischen näher zu kommen.

UNTERKUNFT

Von der einfachen Berghütte bis zum Golfhotel ist jede Kategorie vertreten. Die Übernachtungspreise im Jura fallen in der Regel etwas günstiger aus als im Rest der zwei Länder. Eine Besonderheit des Berner Jura sind die Métairies. Das sind Berggasthöfe, die

meist in einsamer Lage auf Höhenzügen liegen und regionale Spezialitäten, oft auch Übernachtungsmöglichkeit anbieten. Eine Broschüre mit allen Adressen gibt es bei Jura bernois Tourismus in Moutier. Ein paar erklärende Worte zu den Möglichkeiten in Frankreich. Die Gîtes d'étape et de séjour sind einfache Wanderunterkünfte, die Gîtes ruraux Unterkünfte in ländlicher Umgebung für Familien und Selbstversorger(www.gites-de-france.fr). Auberges sind preisgünstige Gasthöfe mit landestypischer Küche. Die Chambres d'hôtes sind eine Art Bed & Breakfast, die in dieser Form nur in Frankreich zu finden sind. Oft sind es idyllisch gelegene Unterkünfte, oft Schlösser oder hübsche Landhäuser. Man speist bei köstlicher Hausfrauenkost meist auch zu Abend (Halbpension symbolisiert der Zusatz Table d'hôte) in familiärer Atmosphäre und kann dabei seine Sprachkenntnisse etwas auffrischen, erfährt womöglich noch gute Insidertipps. Ein bisschen kostspielig, aber ein Traum, sind die stilvollen Häuser der Kette Relais & Château (Tipp: Tour 25; www.relaischateaux.com). Ein Landschlösschen für Romantiker und Genießer! Wem es zu kostspielig ist, schon ein Aperitif auf der Gartenterrasse lohnt sich. Château de Germiney, Le Parc, F-39600 Port-Lesney, Tel. 03/84 73 85 85, Fax 84 73 88 88, E-Mail: Chateau.de.Germigney@wanadoo.fr Internet: www.chateaudegermigney.com. Edles Ambiente gibt es auch bei der Hotelorganisation Châteaux et Hôtels de France (www.chateauxhotels. com). Eine ruhige Umgebung steht für die Hotelgruppe Relais du Silence (www.silencehotel.com). Zu den einzelnen Unterkunftstypen gibt es bei der Fremdenverkehrszentrale der Franche-Comté umfangreiche Adressenbroschüren.

WANDERKARTEN

Hervorragend sind die Landeskarten der Schweiz. Die ideale Wanderkarte ist hier der Maßstab 1:50 000 mit rot eingezeichneten Wanderwegen. Die Kartennummern kennzeichnen dies mit dem angehängten T (z. B. 260T, 270T). Gut bewährt haben sich auch die Wanderkarten 1:60 000 von Kümmerly+Frey. In Frankreich wandert man am besten mit den blauen IGN-Karten im Maßstab 1:25 000 (Bezeichnung TOP 25). Auf diesen sind nicht nur die Wanderwege rot eingezeichnet, sondern auch andere touristische Informationen.

WANDERWEGE

Der Jura ist ein klassisches Wanderland und mit einem dichten Netz an Wanderwegen durchzogen. Die Markierung in der **Schweiz** ist überall einheitlich. Wanderwege sind mit gelber Raute markiert, anspruchsvollere Bergwanderwege mit weiß-rot-weißen Streifen. Gelbe Hinweisschilder, oft mit Zeitangaben, folgen in regelmäßigen Abständen.

Eine gute Landkarte gehört in jeden Wanderrucksack.

In Frankreich sieht das etwas anders aus. Da werden alle möglichen Farben verwendet, überwiegend jedoch gelb und gelb-blau. Einheitlich sind nur die Weitwanderwege, die sogenannten **Grandes Randonnées** (GR), die durchgehend weiß-rot markiert sind. Mehrere Weitwanderwege durchziehen den Jura. Auf Schweizer Seite ist es der mit gelb-roter Raute markierte Jurahöhenweg von Zürich nach Genf, der zu den schönsten und meistbegangenen Routen der Schweiz zählt und neben verschiedenen Varianten dem Grat der südlichsten Jurakette folgt. Zahlreiche Berghütten, Naturfreundehäuser und Berggasthöfe lassen die Etappenlänge je nach Gusto und Kondition bestimmen. Außerdem quert der Trans Swiss Trail den Schweizer Jura von Porrentruy bis Neuchâtel (Tour 8).

Auf **französischer Seite** gibt es ein ganzes Netz von GR-Varianten und GRP's (**Grandes Randonnées de Pays**). Die bekanntesten sind die GTJ (Grande Traversée du Jura), die für Wanderer, Mountainbiker und Langläufer zugelassen ist, die GR 9 (Jura – Mittelmeer), die GR 5 (Holland – Mittelmeer) und die GR 59, die die Franche-Comté von Norden nach Süden durchquert. Die GR 559 ist eine 95 Kilometer lange Ost-West-Durchquerung von Lons-le-Saunier bis Les Rousses und schafft damit eine Verbindung zwischen der GR 5 in Les Rousses und der GR 59 in Lons-le-Saunier. Zu jeder gibt es im Buchhandel einen Topo-guide mit ausführlicher Wegbeschreibung und Kartenausschnitten (allerdings nur auf Französisch).

Die GRP's sind folgende: Route der Haut-Bienne – eine Schleife von 150 Kilometer über die Ortschaften Bellefontaine, Les Rousses, Lajoux, Longchaumois, La Mouille, Morez, Mois d'Amont. Dazu die Variante des Grand Vaux – 40 Kilometer durch weite Ebenen. Route des südlichen Hoch-Jura – 110 Kilometer durch seine Täler und Schluchten über Lajoux, La Pesse, Vaux-lès-Saint-Claude, Saint-Claude. Route der Seen-Region – 150 Kilometer in mehreren Varianten um die Seen (Narlay, Antre, Bonlieu, Morans-en-Montagne, Vouglans, Clairvaux) und Petite Montagne. Route des Haut-Joux Mont Noir und der Region von Champagnole – 197 Kilometer ab Frasne (TGV-Bahnhof) über Mignovillard, Foncine, Les Planches-en-Montagne, Champagnole und Censeau.

WELLNESS

Jeder kennt das wohlige Gefühl, nach einer Wanderung seine müden Glieder in Thermalwasser mit Badewannentemperatur zu entspannen. Man fühlt sich danach so gesund und relaxt.
Thermalbäderzentren sind Lons-le-Saunier (Tel. 03/84 24 20 34, Internet www.villegiatherm.com), Salins-les-Bains (Tel. 03/84 73 04 63) und Divonne-les-Bains (Villégiatherm, Tel. 04/50 20 05 70, Valvital, Tel. 04/50 20 27 70). Die kostenlose Broschüre »Thermalisme et Forme« kann angefordert werden bei: Comité Départemental du Tourisme, BP 458, F-39006 Lons-le-Saunier, Tel. 03/84 87 08 88.

WETTERBERICHT

Bewährt hat sich der Schweizer Wetterbericht, der bedingt auch für den Französischen Jura genommen werden kann. Er wird täglich fünfmal aktualisiert und kann unter Tel. 162 abgehört werden. Das Radio DRS 1 strahlt um 12.20 Uhr einen ausführlichen Wetterbericht aus. Das Schweizer Fernsehen bringt jeweils um 19.50 Uhr eine umfangreiche Fünf-Tage-Prognose. Nützlich auch das Internet www.meteoschweiz.ch
In Frankreich ist die Wettervorhersage nach Departements eingeteilt: Tel. 08/36 68 02-01 (Ain), -39 (Jura), -25 (Doubs).

ZOLL

Da die Schweiz nicht der EU angehört, müssen Ein- und Ausfuhren verzollt werden.

REGISTER

JURA

Genusstouren zwischen Genf und Basel

TOUREN KARTEN

Zum Heraustrennen

BRUCKMANN

1 Dornach – Arlesheim

Etappen: Schlosshof Dornach – Schartenflue – Burg Richenstein – Schloss Birseck – Schlosshof

leicht
9 km
2:40 Std.
↑406 m ↓406 m
ja

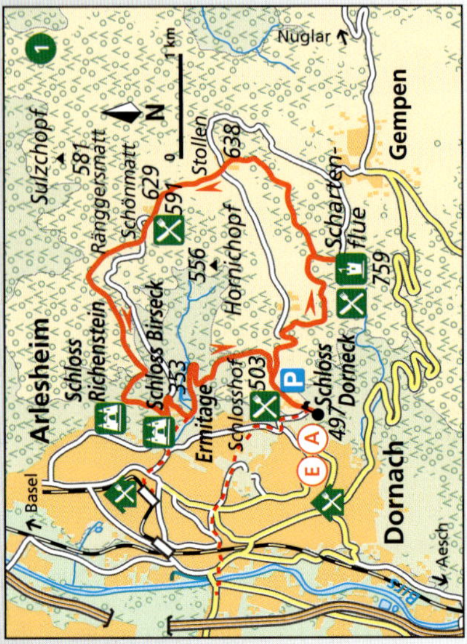

Ausgangs-/Endpunkt: Schlosshof Dornach (503 m).
Wanderkarte: Landeskarte der Schweiz 1: 25 000, Blatt 1067 Arlesheim; 1: 50 000 mit Wanderwegeaufdruck.
Markierung: Gelbe Raute, gelbe Hinweisschilder.
Verkehrsanbindung: Regionalzug der SBB Basel-Dornach; Tramverbindung mit Basel, Linie 10 Aeschenplatz bis Bahnhof Dornach-Arlesheim; Autobahn Basel Richtung Delémont, Ausfahrt Dornach, Parkplatz am Schlosshof.
Einkehr: Restaurant Schlosshof Dornach, Tel. 061/702 01 50; Speisehaus, vegetarisches Vollwert-Restaurant am Goetheanum, Dorneckstr. 2, Tel. 061/701 33 72; Restaurant Gempenturm, Tel. 061/701 32 20; Restaurant Schönmatt, Mo/Di Ruhetag, Tel. 061/701 53 88.
Unterkunft: In Dornach und Arlesheim.
Tourist-Info: Basel Tourismus, Schifflände 5, CH-4001 Basel, Tel. 061/268 68 40, Fax 268 68 70, E-Mail info@baseltourismus.ch, Internet www.baseltourismus.ch

Wandernkompakt Jura
Bruckmann

2 Mariastein – Burg Landskron

Etappen: Flüh – Mariastein – Heulenhof – Burg Landskron – Mariastein – Flüh

leicht
7 km
2 Std.
↑180 m ↓180 m
ja

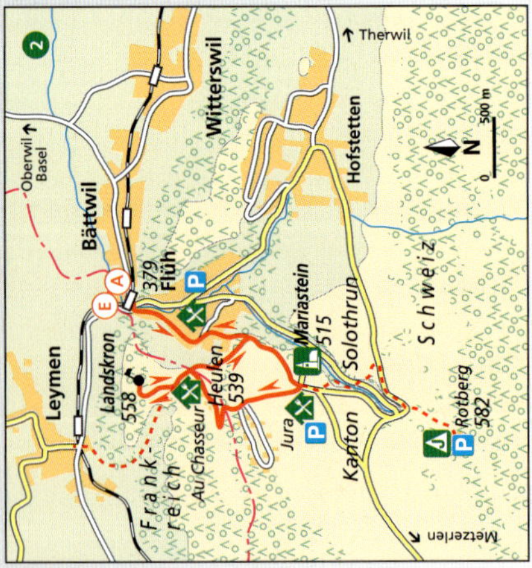

Ausgangs-/Endpunkt: Flüh, 379 m, kleiner Grenzort, 10 km von Basel.
Wanderkarte: Landeskarte der Schweiz 1:50 000, Blatt 213T Basel.
Markierung: Gelbe Raute, gelbe Hinweisschilder in der Schweiz; blaues Rechteck in Frankreich.
Verkehrsanbindung: Anfahrt von Basel via Binningen und Oberwil. Tramlinie 10 Basel Richtung Rodersdorf bis Flüh.
Einkehr: Restaurant Au Chasseur auf halber Strecke.
Unterkunft: Restaurant Jura an der Wallfahrtskirche Mariastein, Di Ruhetag, Tel. 061/731 10 03; Jugendherberge Mariastein-Rotberg, Tel. 061/731 27 24.
Tourist-Info: Basel Tourismus, Schifflände 5, CH-4051 Basel, Tel. 061/268 68 40. Fax 268 68 70, E-Mail info@baseltourismus.ch, Internet www.baseltourismus.ch

Wandernkompakt Jura
Bruckmann

3 Waldenburg – Hauenstein

Etappen: Waldenburg – Chilchzimmersattel – Belchenflue – Challhöchi – Hauenstein

mittel	
14 km	
4 Std.	
↑636 m ↓496 m	

Ausgangspunkt: Waldenburg (534 m).
Endpunkt: Hauenstein (674 m), 8 km von Olten.
Wanderkarte: Landeskarte der Schweiz 1:50 000, Blatt 224T Olten.
Markierung: Gelbe, später gelb-rote Raute, Hinweisschilder.
Verkehrsanbindung: Anfahrt von Basel (A 2) via Liestal, von Olten über Balsthal und Langenbruck. Bahnanschluss. Parkplatz an der Post. Hauenstein mit Busverbindung zum Bahnhof von Olten.
Einkehr: Chambersberg, Mi/Do Ruhetag, Tel. 062/216 31 23; Challhof etwas unterhalb der Challhöchi, Mo/Di Ruhetag, Tel. 062/299 12 60.
Unterkunft: Hotel Löwen/Waldenburg, Tel. 061/961 01 21; Ober-Bölchen, 15 Min. zu Fuß vom Chilchzimmersattel, Tel. 062/299 12 73, Mo/Di Ruhetag; Gasthof Löwen/Hauenstein, Tel. 062/293 20 50.
Tourist-Info: Verkehrsbüro Baselland und Liestal, Rathausstr. 36, CH-4410 Liestal, Tel. 061/921 58 07, Fax 921 58 57.

Blick vom Chilchzimmersattel

4 Welschenrohr – Balsthal

Etappen: Welschenrohr – Mieschegg – Güggel – Brunnersberg – Bremgarten – Balsthal

anspr.

20 km

5:20 Std.

↑ 442 m
↓ 633 m

Ausgangspunkt: Welschenrohr (680 m), 15 km von Balsthal.
Endpunkt: Balsthal (489 m).
Wanderkarte: Landeskarte der Schweiz 1:50 000, Blatt 223T Delémont.
Markierung: Gelbe Raute, Hinweisschilder.
Verkehrsanbindung: Anfahrt A 1 Ausfahrt Oensingen via Balsthal. Postautoverbindung. Parkplatz an der Post.
Einkehr: Mieschegg, Tel. 062/394 12 17; Obere Tannmatt, Tel. 062/394 12 21; Güggel, Mi und abends Ruhetag, 062/394 11 73; Restaurant Alpenblick am Brunnersberg, Mo/DiRuhetag, Tel. 062/394 11 78; Laupersdörfer Stierenberg, Mi/DoRuhetag, Tel. 062/394 12 56.
Unterkunft: In Welschenrohr und Balsthal; Mieschegghütte, Reservation bei Allemann Silvan, Tel. 032/639 14 18; Bremgarten (Massenlager), Mo/Di Ruhetag, Tel. 062/391 32 78.
Tourist-Info: Kanton Solothurn Tourismus, Hauptgasse 69, CH-4500 Solothurn, Tel. 032/626 46 56, Fax 626 46 57, Internet www.mysolothurn.com

Neu Falkenstein bei Balsthal

Wandernkompakt Jura
Bruckmann

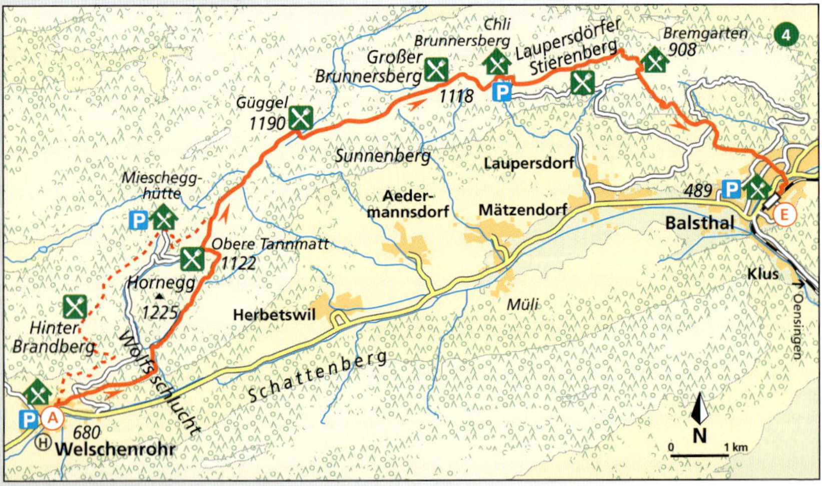

5 Moutier – Mont Girod

Etappen: Moutier – Mont Girod – Lac Vert – Gorges de Court – Moutier

mittel

16 km

4 1/4 Std.

↑507 m
↓507 m

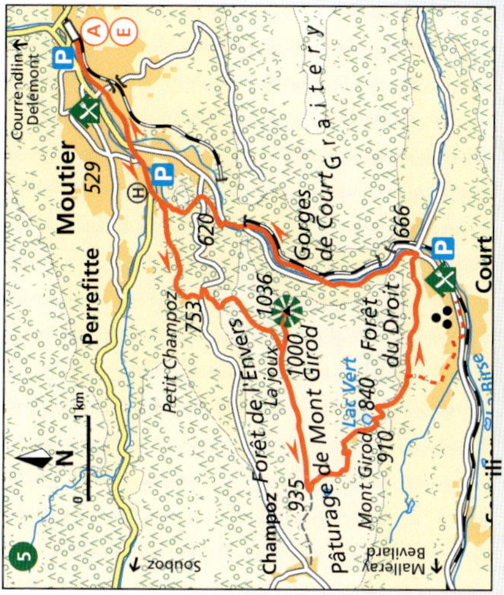

Ausgangs-/Endpunkt: Moutier (529 m).
Wanderkarte: Landeskarte der Schweiz 1:50 000, Blatt 223T Delémont.
Markierung: Gelbe Raute, Hinweisschilder.
Verkehrsanbindung: Anfahrt von Basel via Delémont, von Biel via Tavannes, Bahnanschluss.
Einkehr/Unterkunft: In Moutier und Court.
Tourist-Info: Office du Tourisme du Jura bernois, Avenue de la Liberté 26, CH-2740 Moutier, Tel. 032/493 64 66, E-Mail info@jurabernois.ch, Internet www.jurabernois.ch

6 Jurassic-Park

Etappen : Grottes de Réclère – Vaufrey – Glère – Roche d'Or – Grottes de Réclère

anspr.

15 km

5 Std.

↑535 m
↓535 m

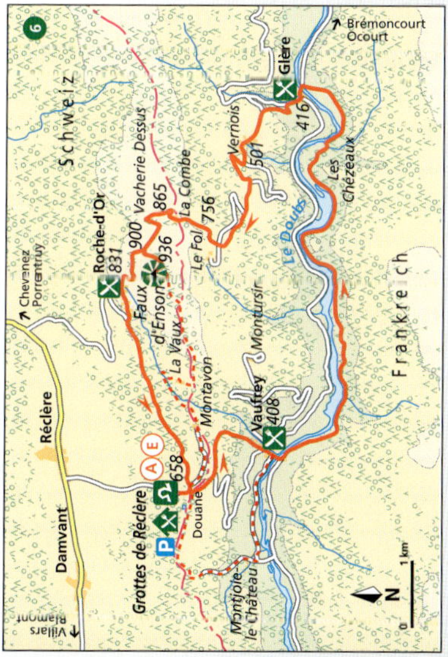

Ausgangs-/Endpunkt: Grottes de Réclère (658 m), 15 km von Porrentruy.
Wanderkarte: Landeskarte der Schweiz 1:50 000, Blatt 222T Clos du Doubs.
Markierung: Gelbes Dreieck (Frankreich), gelbe Raute (Schweiz), Hinweisschilder.
Verkehrsanbindung: Die Grottes de Réclère liegen an der Postautolinie Porrentruy (Bahnanschluss)–Damvant. Von Basel Autobahn bis Delémont, dann via Porrentruy, Abzweig in Réclère, 1,5 km bis zu den Grotten.
Einkehr: Restaurant Bellevue in Roche d'Or, gute Küche, Tel. 032/476 66 26.
Unterkunft: Hôtel-Restaurant Les Grottes, Tel. 032/476 61 55, Fax 476 62 33, mit Camping und Bungalows, Internet www.prehisto.ch
Tourist-Info: Jura Tourisme, Grand-Rue 5, CH-2900 Porrentruy, Tel. 032/466 59 59, Fax 032/466 50 43, www.adepjura.ch

7 Saignelégier

Etappen: Saignelégier – Muriaux – Sommêtres – Theusseret – Goumois – Saignelégier

anspr.
14 km
5 Std.
↑602 m
↓602 m

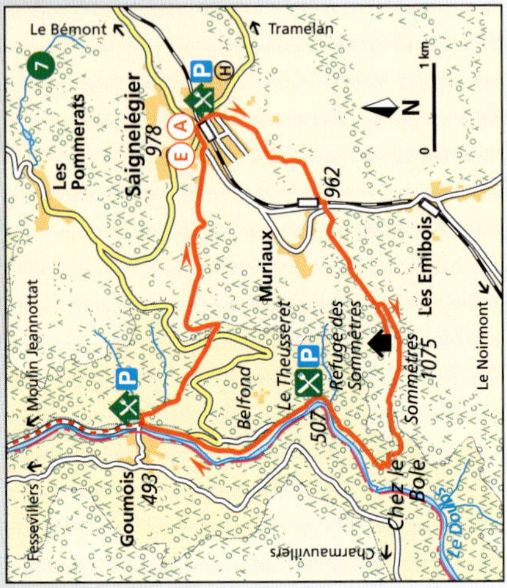

Ausgangs-/Endpunkt: Saignelégier (978 m), Hauptort der Freiberge.
Wanderkarte: Landeskarte der Schweiz 1:50 000, Blatt 222T Clos du Doubs.
Markierung: Gelb-rote und gelbe Raute, Hinweisschilder.
Verkehrsanbindung: Anfahrt von Biel via Tavannes, von Basel via Delémont. Bahnanschluss, Postautoverbindung mit Goumois.
Einkehr: Restaurant Le Theusseret, März–Nov., Mi Ruhetag, Tel./Fax 032/ 951 1451.
Unterkunft: Café du Soleil/Saignelégier, Tel. 032/951 16 88; Refuge des Sommêtres, Berghütte der Groupe des Alpinistes des Franches-Montagnes, stets geöffnet; Hôtel du Doubs/Goumois, Tel. 032/ 951 13 23.
Tourist-Info: Jura Tourisme, 6, place du 23-Juin, CH-2350 Saignelégier, Tel. 041/901 12 00, Fax 952 19 55, E-Mail: info@juratourisme.ch, Internet www.juratourisme.ch

8 Mont Soleil – Mont Crosin

Etappen: Mont Soleil – Mont Crosin

leicht
5 km
1¼ Std.
↑94 m
↓94 m
ja

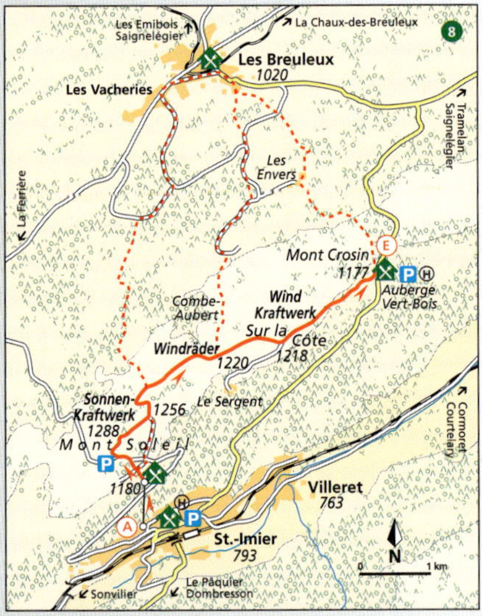

Ausgangspunkt: Mont Soleil (1180 m), Aussichtsberg von St-Imier im Tal der Suze.
Endpunkt: Mont Crosin (1177 m).
Wanderkarte: Landeskarte der Schweiz 1:50 000, Blatt 232T Vallon de St-Imier; Faltblatt mit Wegskizze im Touristenbüro erhältlich.
Markierung: Braune Hinweisschilder.
Verkehrsanbindung: Anfahrt mit Bahn oder Auto via Biel oder Neuchâtel nach St-Imier, von dort Drahtseilbahn (Funiculaire, Tel. 032/941 25 53) zum Mont Soleil, Busverbindung Mont Crosin – St-Imier.
Einkehr: Restaurant Le Manoir, gegenüber der Drahtseilbahn, Tel. 032/941 23 77.
Unterkunft: Auberge Vert-Bois, Tel. 032/944 14 55; Chalet Mont Crosin, Tel. 032/944 15 64; Hotels in St-Imier.
Tourist-Info: Jura bernois Tourisme, Rue du Marché 6, CH-2610 Saint-Imier, Tel. 032/941 26 63, Fax 941 14 35, E-Mail saintimier@jurabernois.ch, Internet www.jurabernois.ch

9 Chasseral

Etappen: Chasseral – Chuffort – Clémesin – Combe Biosse – Chasseral

mittel

15 km

4 1/2 Std.

↑548 m
↓548 m

Ausgangs-/Endpunkt: Großer Parkplatz am Hotel Chasseral, 1548 m.
Wanderkarte: Landeskarte der Schweiz 1:50 000, Blatt 232T Vallon de St-Imier; 1:25 000, Blatt 1125 Chasseral; Wanderkarte 1:60 000 Berner Jura–Seeland, Kümmerly+Frey.
Markierung: Gelb-rote Raute, gelbe Hinweisschilder.
Verkehrsanbindung: Passübergang zwischen dem Tal von St-Imier und dem Bielersee; Anfahrt auf schmaler Bergstraße von St-Imier oder Nods, Zufahrt zum Hotel mautpflichtig; Busverbindung Chasseral–St-Imier.
Einkehr: Métairie d'Aarberg (1265 m), Tel. 032/751 34 22, Mo Ruhetag; Métairie Chuffort (1225 m), Tel. 032/751 22 58, Di Ruhetag; Métairie de l'Ile (1352 m), Tel. 032/751 27 33, Do Ruhetag.
Unterkunft: Hôtel Chasseral (1548 m), Tel. 032/751 24 51 oder Tel. 079/443 48 02; Métairie de Clémesin, Mi Ruhetag (1050 m), Tel. 032/853 14 18.
Tourist-Info: Office du Tourisme du Jura bernois, Avenue de la Liberté 26, CH-2740 Moutier, Tel. 032/493 64 66, E-Mail info@jurabernois.ch, Internet www.jurabernois.ch
Office du Tourisme du Val de Ruz, Rue de l'Epervier, CH-2053 Cernier, Tel. 032/853 86 00, E-Mail tourisme.vdr@bluewin.ch, Internet www.ne.ch/tourism

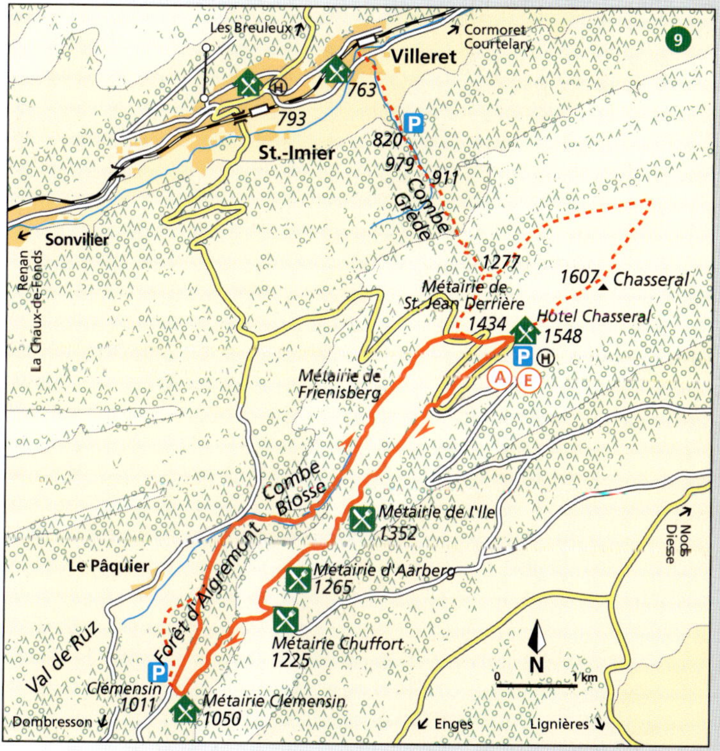

10 Am Sonnenhang des Bielersees

Etappen: Biel – Taubenlochschlucht – Magglingen – Twannberg – Twannbachschucht – Twann

mittel	
km	20 km
	5 Std.
	↑502 m ↓514 m

Ausgangspunkt: Bahnhof Biel, bzw. Biel-Bözingen (446 m) an der Nordostspitze des Bielersees.
Endpunkt: Bahnhof Twann (434 m) am Westufer des Bielersees, 8 km von Biel.
Wanderkarte: Landeskarte der Schweiz 1:50 000, Blatt 232T Vallon de St-Imier sowie Blatt 233T Solothurn, mit Wanderwegeaufdruck.
Markierung: Gelbe Raute, gelbe Hinweisschilder.
Verkehrsanbindung: Biel (434 m) ist über die A 5 von Solothurn erreichbar, über die Schnellstraße von Bern oder Neuchâtel; Bahnanschluss.
Einkehr: Restaurant Zum Wilden Mann am Eingang der Taubenlochschlucht, Tel. 032/341 19 42; Bergwirtschaft Hohmatt/Magglingen, Tel. 032/322 21 11; Restaurant des Gorges, Tel. 032/315 26 16..
Unterkunft: L'Eauberge Tubeloch, CH-2535 Frinvillier, Tel. 032/358 11 32; Hôtel de la Gare, CH-2533 Evilard/Leuringen, Tel. 032/322 63 22, Di/Mi Ruhetag; Hotel-Feriendorf Twannberg***, Tel. 032/315 01 11; Hotel Bären***, CH-2513 Twann, Tel. 032/315 20 12.
Tourist-Info: Tourismus Biel-Seeland, Zentralstr. 60, CH- 2501 Biel-Bienne, Tel. 032/322 75 76, E-Mail head@tbsinfo.ch, Internet www.biel-seeland.net

Das malerische Winzerdorf Twann am Bielersee

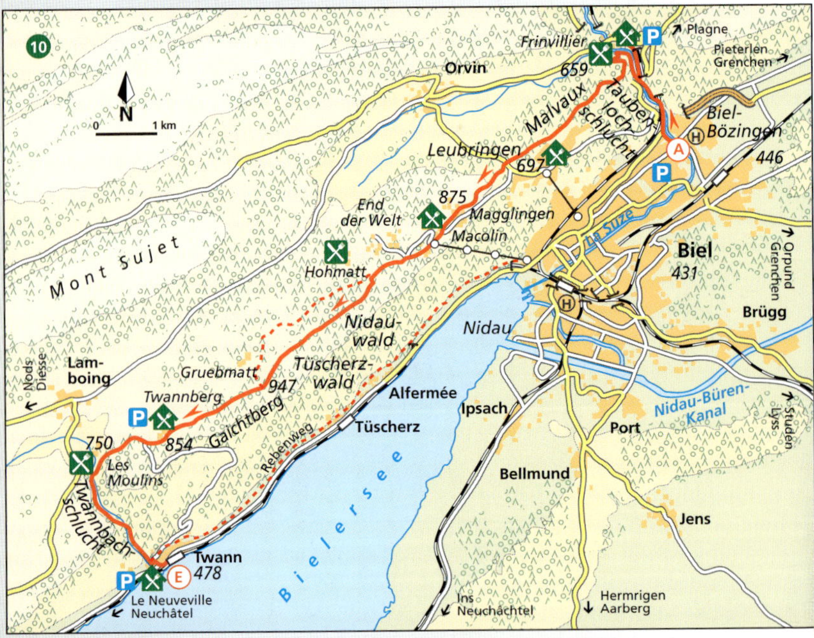

11 Valangin – Chaumont

Etappen: Valangin – Pré Louiset – Chaumont – Centre Dürrenmatt – Ermitage – Neuchâtel

mittel

11 km

3 ½ Std.

↑496 m
↓605 m

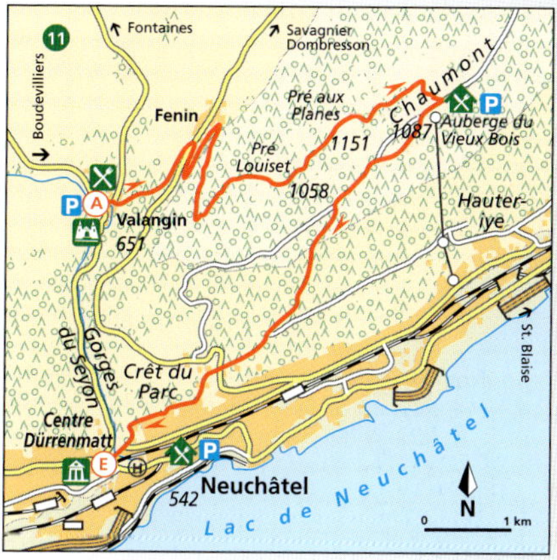

Ausgangspunkt: Valangin (651 m), Busverbindung vom Place Pury in Neuchâtel.
Endpunkt: Neuchâtel Ermitage (542 m), Buslinie 7 zum Bahnhof.
Wanderkarte: Wanderkarte 1:60 000, Chasseral-Neuenburg-Val de Travers-Ste-Croix, Kümmerly+Frey.
Markierung: Gelbe Raute, Hinweisschilder.
Verkehrsanbindung: Valangin liegt an der Autobahn Richtung La-Chaux-de-Fonds am Eingang des Val de Ruz, 6 km von Neuchâtel (Bahnverbindung).
Einkehr: Teestube Weber in Valangin, Mo Ruhetag, Tel. 032/857 23 53.
Unterkunft: Hotels in Neuchâtel; Chaumont: Auberge du Vieux Bois, Tel. 032/753 24 51, Hôtel Chaumont et Golf****, Tel. 032/754 21 75.
Tourist-Info: Neuchâtel Tourismus, Hôtel des Postes, CH-2001 Neuchâtel, Tel. 032/889 68 90, Fax 889 62 96, E-Mail tourisme.neuchatelois@ne.ch, Internet www.ne.ch/tourism

12 Tête de Ran – Mont Racine

Etappen: Tête de Ran – Mont Racine – La Tourne – Les Tablettes – Rochefort – Chambrelien

mittel

16 km

4 Std.

↑118 m
↓910 m

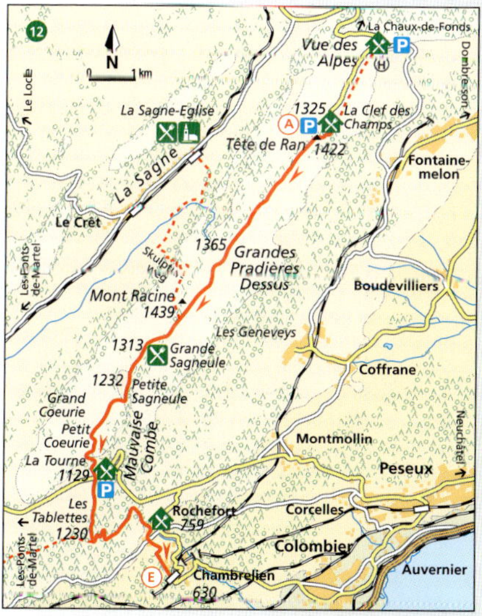

Ausgangspunkt: Parkplatz am Tête de Ran (1325 m).
Endpunkt: Bahnstation Chambrelien (630 m).
Wanderkarte: Wanderkarte 1:60 000 Chasseral-Neuenburg-Val de Travers-Ste-Croix, Kümmerly+Frey.
Markierung: Gelb-rote Raute, Hinweisschilder.
Verkehrsanbindung: Autobahn von Neuchâtel Richtung La Chaux-de-Fonds, ab Ausfahrt Vue des Alpes 10 km bis zum Pass, dann nach links 2,5 km bis zum Parkplatz Tête de Ran. Busverbindung La Chaux-de-Fonds – Vue des Alpes, dann zu Fuß 40 Min. zum Tête de Ran.
Einkehr: La Grande Sagneule (1313 m), Tel. 032/855 11 74.
Unterkunft: Hôtel La Clef des Champs (1325 m), Tel. 032/853 57 78, Fax 853 59 01, E-Mail: Neuchhotel2002@bluewin.ch, das sympathische Hotel ist auch Tourenveranstalter für MTB, Wanderungen, Schneeschuh-Touren, etc; Hôtel de la Tourne (1129 m), Tel. 032/855 11 50.
Tourist-Info: Neuchâtel Tourismus Berggebiet, Espacité 1, CH-2300 La Chaux-de-Fonds, Tel. 032/919 68 95, Fax 919 62 97, E-Mail tourisme.montagnes@ne.ch, Internet www.ne.ch/tourism

13 Creux du Van

Etappen: Champ du Moulin – Gorges de l`Areuse – Ferme Robert – Creux du Van – Ferme du Soliat – La Banderette – Travers

	anspr.
km	14 km
	5 Std.
	↑846 m ↓759 m

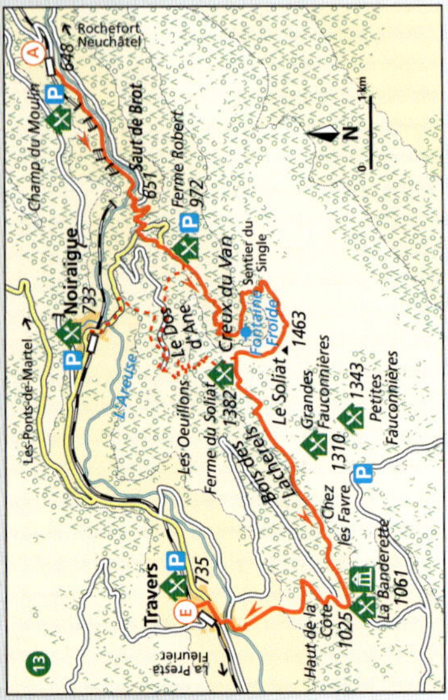

Ausgangspunkt: Champ du Moulin (648 m).
Endpunkt: Travers (735 m), 14 km von Champ du Moulin entfernt.
Wanderkarte: Landeskarte der Schweiz 1:50 000, Blatt 241 T Val de Travers oder 1:25 000, Blatt 1163 Travers.
Markierung: Gelbe Raute, gelbe Wegweiser.
Verkehrsanbindung: Anfahrt von Neuchâtel N 10 Richtung Pontarlier, hinter Rochefort Abzweig links steil nach Champ du Moulin hinunter. Parkplatz am Naturschutzzentrum. Regionalzüge von Neuchâtel nach Champ du Moulin und Travers.
Einkehr: Hôtel de la Truite (617 m) in Champ du Moulin, Tel. 032/855 11 34.
Unterkunft: Ferme Robert (972 m), Tel. 032/863 31 40; Ferme du Soliat (1382 m), Tel. 032/863 31 36; La Banderette (1061 m), zu vermieten nur an Selbstversorgergruppen, Tel. 032/863 22 84; Hôtel-Restaurant Crêt-de-l'Anneau in Travers, Tel. 032/863 11 78.
Tourist-Info: Verkehrsbüro-Centre sportif, CH-2108 Couvet, Tel. 032/889 68 96, Fax 889 62 90, E-Mail tourisme.val-de-travers@ne.ch, Internet www.vdt.ch

14 Saut du Doubs

Etappen: Les Brenets – Saut du Doubs – Roches de Moron – Les Recrettes – Les Brenets

	mittel
km	14 km
	4 Std.
	↑340 m ↓340 m

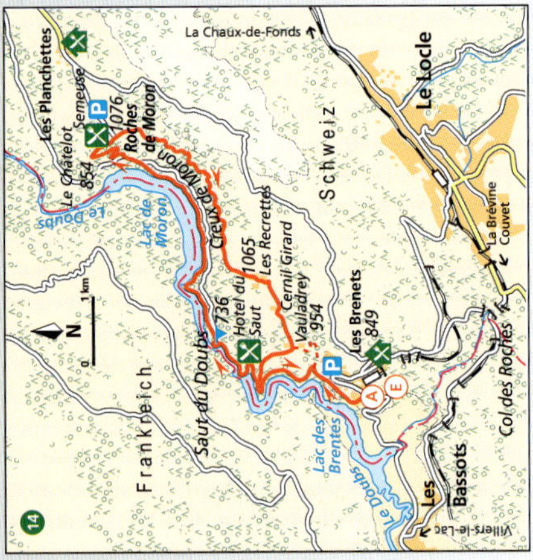

Ausgangs-/Endpunkt: Les Brenets (849 m), 6 km von Le Locle.
Wanderkarte: Landeskarte der Schweiz 1:50 000, Blatt 231 T Le Locle.
Markierung: Gelbe Raute, Hinweisschilder.
Verkehrsanbindung: Autobahn Neuchâtel–La Chaux-de-Fonds, dann über Le Locle nach Les Brenets. Wanderparkplatz (Parc de la Crête, 869 m) in der Spitzkehre vor dem Ort oder an der Schiffsanlegestelle. Bahnanschluss.
Einkehr: Restaurant du Saut; Café Semeuse, Tel. 032/926 44 88.
Unterkunft: Hotels in Les Brenets.
Tourist-Info: Neuchâtel Tourismus Berggebiet, Rue Daniel-Jean Richard 31, CH-2400 Le Locle, Tel. 032/931 43 30, Fax 931 45 06, E-Mail tourisme.montagnes@ne.ch

15 Poeta Raisse – Chasseron

Etappen: Môtiers – Poeta Raisse – Chasseron – Ste-Croix

anspr.	
18 km	
5 Std.	
↑869 m ↓520 m	

Ausgangspunkt: Môtiers (737 m).
Endpunkt: Ste-Croix (1086 m).
Wanderkarte: Landeskarte der Schweiz 1:50 000, Blatt 241T Val de Travers.
Markierung: Gelbe, später gelb-rote Raute, Hinweisschilder.
Verkehrsanbindung: Môtiers liegt zwischen Couvet und Fleurier abseits der N10 im Val de Travers. Ste-Croix ist Endstation der Schmalspurbahn von Yverdon. Von Ste-Croix zurück nach Môtiers: Bus bis Buttes, dann Zug.
Einkehr: La Grandsonne Dessus (1538 m), Mitte Mai bis Mitte Okt., Di geschl., Tel. 024/454 23 62; Les Avattes (1458 m), Do Ruhetag, Tel. 024/454 36 83.
Unterkunft: Le Château de Môtiers (844 m), Tel. 032/861 17 30; Hôtel du Chasseron (1606 m), Tel. 024/454 23 88; sowie Unterkünfte in Ste-Croix.
Tourist-Info: Office du Tourisme, CH-1450 Ste-Croix, Tel. 024/454 27 02, Fax 454 32 12, E-Mail ot@ste-croix.ch, Internet www.ste-croix.ch

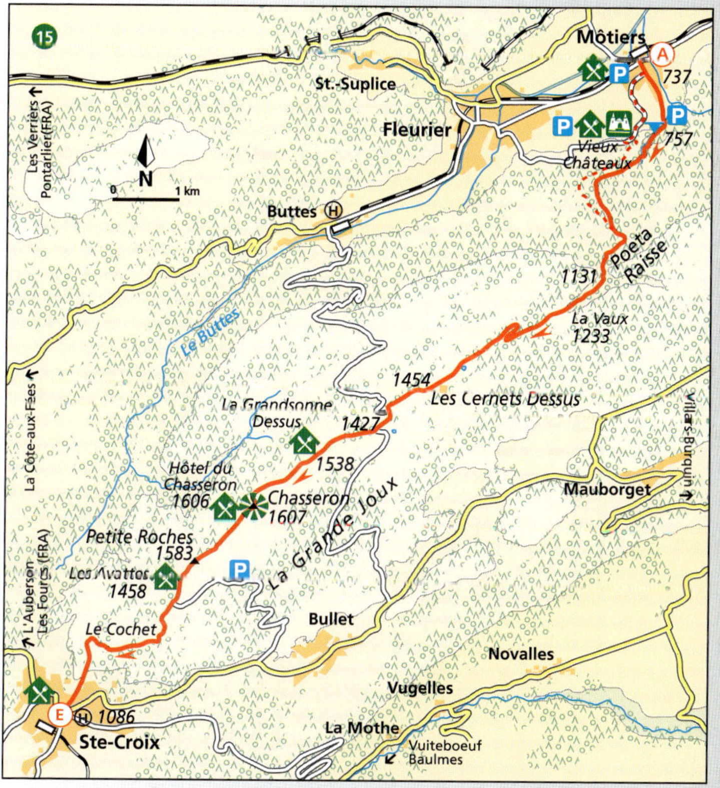

16 Romainmôtier – Orbe

Etappen: Romainmôtier – Les Clées – Gorges de l'Orbe – Grottes de Montcherand – Orbe

mittel
13 km
3 1/2 Std.
↑54 m ↓236 m

Ausgangspunkt: Romainmôtier (661 m).
Endpunkt: Orbe (479 m).
Wanderkarte: Wander- und VTT-Karte 1:25 000 Les 3 Vallons, MPA-Verlag.
Markierung: Gelbe Raute, Hinweisschilder.
Verkehrsanbindung: Anfahrt von der A1 via La Sarraz oder über die A9 via Orbe; Bahnanschluss bis Croy, Busverbindung ins 1,5 km entfernte Romainmôtier. Bahnanschluss in Orbe.
Einkehr/Unterkunft: Mehrere Möglichkeiten in Romainmôtier, empfehlenswert: Au Lieutenant Baillival** am Marktplatz, Tel. 024/453 14 58; weitere Unterkünfte in Orbe und Agiez.
Tourist-Info: Accueil La Porterie, CH-1323 Romainmôtier, Tel. 024/453 14 65, Fax 453 14 86, E-Mail tourisme@romainmotier.ch, Internet www.romainmotier.ch; Office du Tourisme d'Orbe, Rue de la Poste 2, CH-1350 Orbe, Tel./Fax 024/441 52 66, E-Mail tourisme@orbe.ch, Internet www.orbe.ch/tourisme

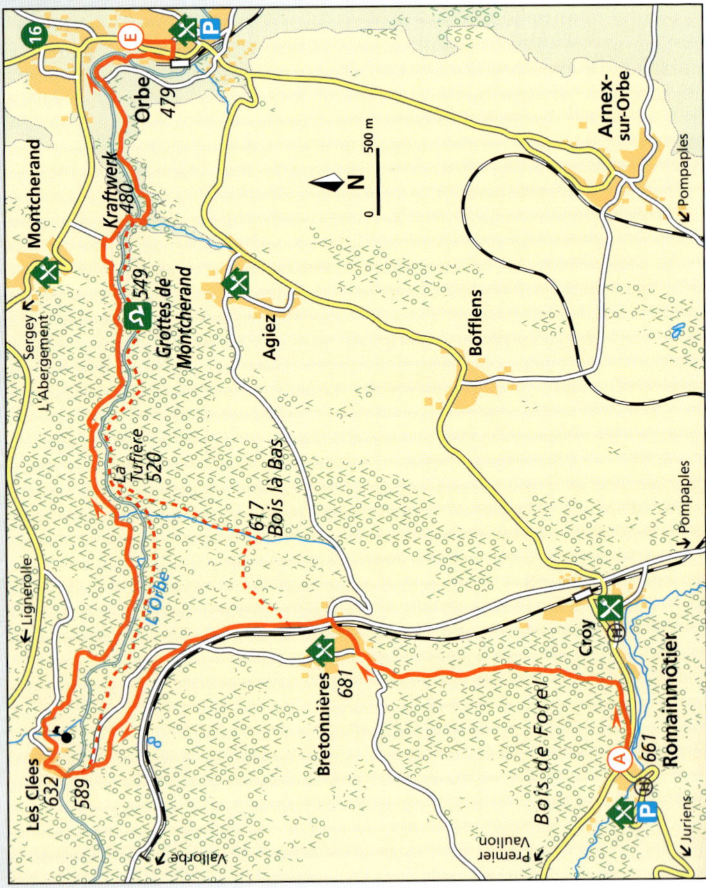

17 Dent de Vaulion

Etappen: Le Pont – Dent de Vaulion – L'Abbaye – Le Pont

mittel

15 km

4 1/2 Std.

↑474 m
↓474 m

Ausgangs-/Endpunkt: Le Pont (1008 m).
Wanderkarte: La Vallée de Joux, 1:25 000, MPA Verlag.
Markierung: Gelbe Raute, Hinweisschilder.
Verkehrsanbindung: Zufahrt von der A 1 bei Yverdon auf die A 9 via Vallorbe bis Le Pont (Bahnanschluss).
Einkehr: Restaurant Chalet de la Dent-de-Vaulion (1487 m), Mitte Mai bis Ende Okt., Tel. 021/843 28 36.
Unterkunft: Hôtel de la Truite***/Le Pont, Tel. 021/841 17 71; Cabane de Vallorbe, Skiclubhütte, Tel. 021/843 12 38, Schlüssel im Restaurant nebenan.
Tourist-Info: Vallée de Joux Tourisme, Centre Sportif, CH-1347 Le Sentier, Tel. 021/845 17 77, Fax 021/845 50 08. E-Mail info@valleedejoux.ch, Internet www.myvalleedejoux.ch; Office du Tourisme de Vallorbe, Tel. 021/843 25 83, E-Mail contact@orbe.ch, Internet www.vallorbe.ch

18 Die Todesleitern

Etappen: Biaufond – Échelles de la Mort – La Cendrée – Fournet-Blancheroche – La Rasse – Biaufond

mittel

15 km

5 Std.

↑400 m
↓400 m

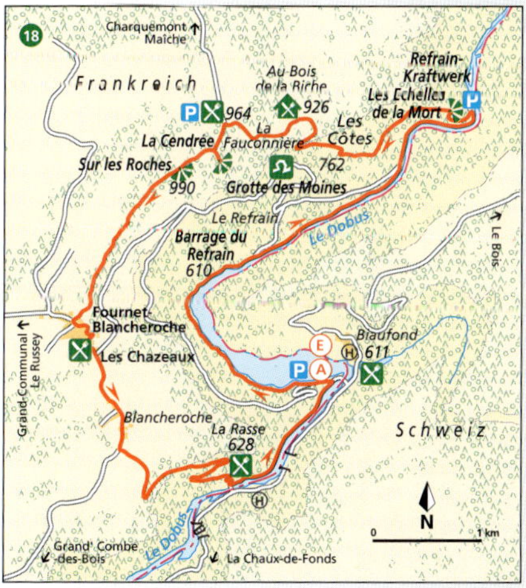

Ausgangs-/Endpunkt: Biaufond (611 m), Schweizer Weiler am gestauten Doubs, Parkplatz am gegenüberliegenden französischen Ufer.
Wanderkarte: Landeskarte der Schweiz 1:25 000, Blatt 1124 Les Bois; IGN-Karte 1:25 000, 3623 OT Maîche.
Markierung: Weiß-rot, gelb-blau, Hinweisschilder.
Verkehrsanbindung: Biaufond ist Zollstation an der Straße zwischen La Chaux-de-Fonds (CH) und Maîche (F). Busverbindung mit La Chaux-de-Fonds (Bahnhof).
Einkehr: In Biaufond, Les Chazeaux und in La Rasse.
Unterkunft: Hôtel-Restaurant Au Bois de la Biche (926 m), F-Tel. 03/81 44 01 82.
Tourist-Info: Office du Tourisme de Maîche, F-Tel. 03/81 64 11 88, E-Mail office.de.tourisme.maiche@wanadoo.fr, Internet www.maiche.free.fr

Wanderkompakt Jura
Bruckmann

19 Notre-Dame-de-Consolation

Etappen: Notre-Dame-de-Consolation – Roche du Prêtre – Grande Cascade du Lancot – Notre-Dame-de-Consolation

- leicht
- km: 8 km
- 3 1/2 Std.
- ↑350 m ↓350 m
- ja

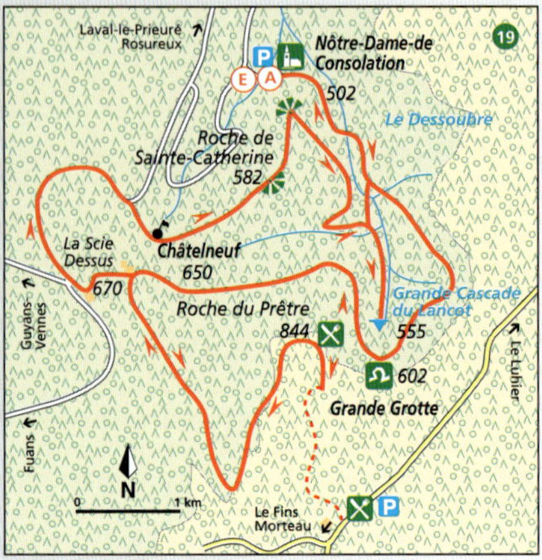

Ausgangs-/Endpunkt: Notre-Dame-de-Consolation (502 m), 20 km nördlich von Morteau.
Wanderkarte: IGN-Karte 1:25 000, Blatt 3524 OT oder Landeskarte der Schweiz 1:50 000, Blatt 231T Le Locle.
Markierung: Gelb-blau, Hinweisschilder.
Verkehrsanbindung: Aus der Schweiz über La Chaux-de-Fonds oder von Besançon auf der D 461 bis zum Abzweig bei Fuans.
Variante: Zum Wandern mit Kindern sind auch mehrere kürzere Varianten möglich. Grande Cascade 2 km, Grande Grotte 3 km.
Einkehr: Restaurant La Roche du Prêtre, an der D 461, 1,5 km vom Aussichtspunkt, Tel. 03/81 43 52 69.
Unterkunft: in Fuans und Morteau.
Tourist-Info: Fondation du Val de Consolation, Tel. 03/81 43 54 71, Fax 81 43 56 39; Office de Tourisme, Place de la Halle, F-25500 Morteau, Tel. 03/81 67 18 53, Fax 81 67 62 34, E-Mail otsi.morteau@wanadoo.fr, Internet www.morteau.org

20 Besançon

Etappen: Besançon – Uferpromenade – Vaubanhügel – Besançon

- leicht
- km: 6 km
- 2 Std.
- ↑118 m ↓118 m
- ja

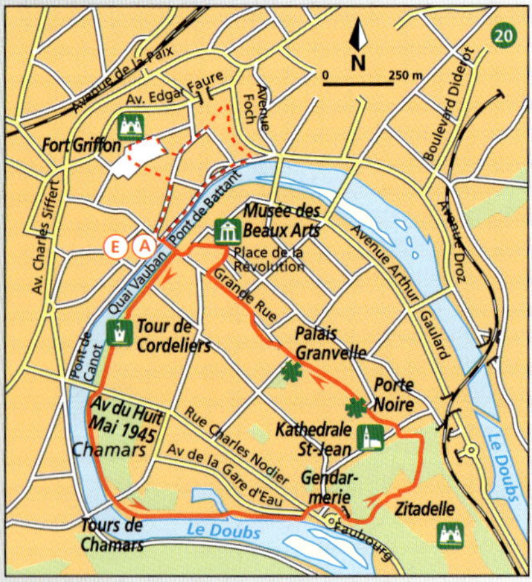

Ausgangs-/Endpunkt: Besançon (272 m).
Wanderkarte: Stadtplan, kostenlos mit dt. Erläuterungen im Touristenbüro und in der Zitadelle erhältlich.
Markierung: Braune Hinweisschilder zu Sehenswürdigkeiten.
Verkehrsanbindung: Besançon ist ans internationale Straßen- und Bahnnetz angeschlossen.
Einkehr: Unzählige Möglichkeiten.
Unterkunft: Die attraktivste, ruhig gelegen und doch mitten in der Altstadt: Hôtel Castan, 6, square Castan, Tel. 03/81 65 02 00.
Tourist-Info: Office du Tourisme, Place de la 1re Armée Française, F-25000 Besançon, Tel. 03/81 80 92 55, Fax 81 80 58 30.

21 Ornans

Etappen: Ornans – Château – Roche des Pins – Roche du Mont – Sentier de l'âne – Ornans

- leicht
- 9 km
- 2 3/4 Std.
- ↑130 m ↓130 m
- ja

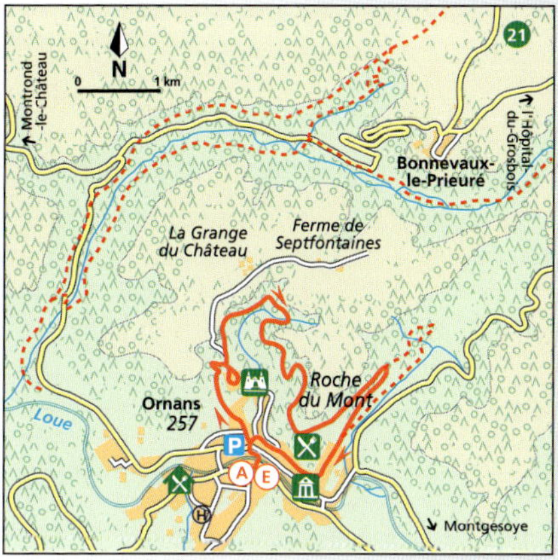

Ausgangs-/Endpunkt: Ornans (257 m).
Wanderkarte: IGN-Karte 1:50 000, Blatt 1-Zone Ouest Le Doubs oder 1:25 000, Blatt 3424 OT; Wanderfaltblatt mit lokalen Rundwanderungen im Touristenbüro erhältlich.
Markierung: Weiß-rot und gelb-blau, Hinweisschilder.
Verkehrsanbindung: Ornans liegt 22 km von Besançon entfernt an der D 67, Busverbindung. Parkplatz La Corvée, Zufahrt vom westlichen Ortseingang nach links.
Unterkunft: Mehrere Hotels in Ornans.
Tourist-Info: Office de Tourisme, 7, rue Pierre Venier, F-25290 Ornans, Tel. 03/81 62 21 50, Fax 81 62 02 63, E-Mail otsi.ornans@wanadoo.fr

22 Gorges de Nouailles

Etappen: Mouthier-Haute-Pierre – Source de la Loue – Belvédère Renédale – Mouthier-Haute-Pierre

- anspr.
- 8 km
- 4 3/4 Std.
- ↑360 m ↓360 m

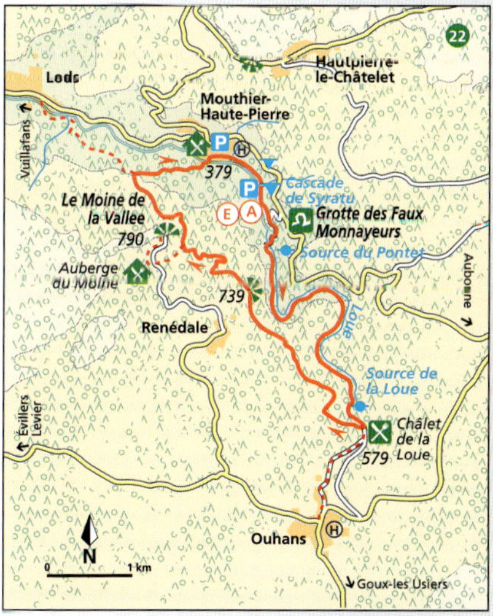

Ausgangs-/Endpunkt: Parkplatz am Syratu-Wasserfall (379 m) bei Mouthier-Haute-Pierre. Zufahrt durch die Rue des Guenbart im unteren Ortsteil, vor der Brücke links. Start auch von Ouhans möglich.
Wanderkarte: IGN-Karte 1:50.000, Blatt 1-Zone Ouest Le Doubs oder 1:25 000, Blatt 3424 OT.
Markierung: Weiß-rot, gelb-blau, Hinweisschilder.
Verkehrsanbindung: Mouthier-Haute-Pierre (420 m) liegt 16,5 km von Ornans und 10 km von Ouhans entfernt an der D 67; Busverbindung mit Ornans.
Einkehr: Restaurant Chalet de la Loue, 5 Min. von der Loue-Quelle.
Unterkunft: Auberge du Moine, nahe dem Aussichtspunkt, Tel. 03/81 69 91 22; Gîte Syratu, Rue des Guenbart, Tel. 03/81 0 91 39; Refuge La Court'Echelle, Tel. 03/81 60 99 60.
Tourist-Info: Office du Tourisme de Mouthier-Haute-Pierre, Tel. 03/81 60 97 68; Office de Tourisme d'Ornans, Tel. 03/81 62 21 50.

23 Pontarlier – Château de Joux

Etappen: Pontarlier – Grand Tareau – Château de Joux – Pontarlier

anspr.

18 km

5 Std.

↑620 m ↓620 m

Ausgangs-/Endpunkt: Camping du Larmont, 1 km oberhalb Pontarlier.
Wanderkarte: IGN-Karte 1:25 000, Blatt 3425 OT; Landeskarte der Schweiz 1:50 000, Blatt Val de Travers.
Markierung: Gelb-blau, weiß-rot, Hinweisschilder.
Verkehrsanbindung: Pontarlier liegt an der N 57 (Besançon – Vallorbe/CH). Bus- und Zugverbindungen. Abzweig zum Campingplatz am südlichen Ortseingang ausgeschildert.
Einkehr/Unterkunft: Hotels in Pontarlier und La Cluse et Mijoux. Camping du Larmont, Tel. 03/81 46 23 33; Chalet Refuge du Larmont, Tel. 03/81 39 11 25.
Tourist-Info: Office de Tourisme, 14 bis, rue de la Gare, F-25300 Pontarlier, Tel. 03/81 46 48 33, Fax 81 46 83 32, E-Mail office.de.pontarlier@wanadoo.fr

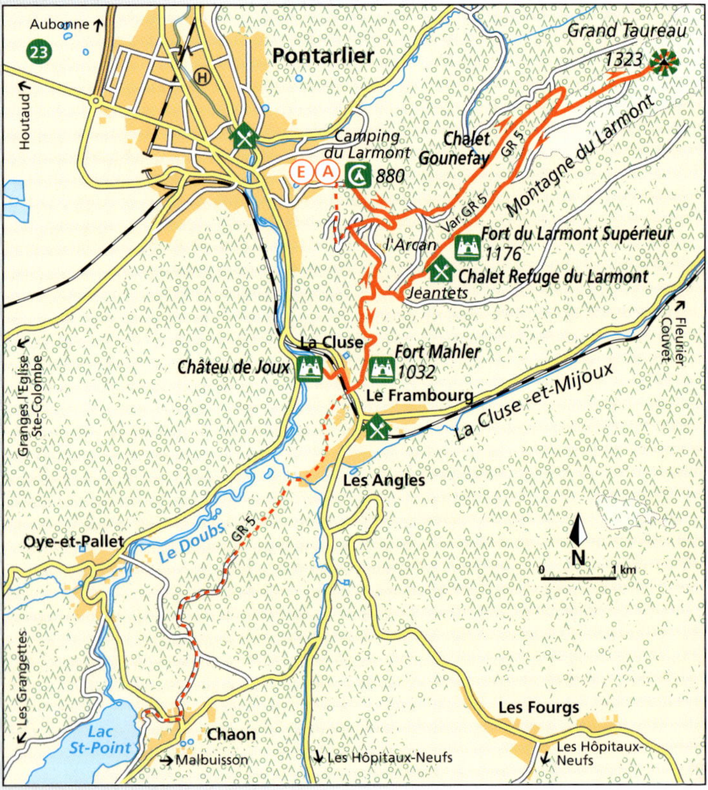

24 Lison-Quelle

Etappen: Lison-Quelle – Nans-sous-Sainte-Anne – Lison-Quelle

leicht	
km	7 km
Zeit	2 Std.
Höhenmeter	↑ 20 m ↓ 20 m
Familie	ja

Ausgangs-/Endpunkt: Nans-sous-Ste-Anne (364 m), großer Parkplatz am Ende der D 477, Abzweig vor dem Ortseingang nach links, 2 km.
Wanderkarte: IGN-Karte 1:25 000, Blatt 3324 ET Arc-et-Senans.
Markierung: Gelb-blau, weiß-rot, Hinweisschilder.
Verkehrsanbindung: Nans-sous-Ste-Anne liegt an der D 103, 9 km vom Abzweig der D 72 (Pontarlier – Salins-les-Bains) entfernt.

Einkehr/Unterkunft: Gîte d'étape Lison Accueil, Tel. 03/81 86 50 79, Internet www.lison.accueil.free.fr; Hotel de la Poste, Tel. 03/81 86 62 57; Les Chalets de la Doye, Tel. 03/84 66 16 14 oder 06/08 47 35 65.
Tourist-Info: Mairie, F-25330 Nans-sous-Ste-Anne, Tel. 03/81 86 53 31.

Blick auf Nans-sous-Sainte-Anne

Wanderkompakt Jura
Bruckmann

25 Arc-et-Senans – Salins-les-Bains

Etappen: Arc-et-Senans – Port-Lesney – Rennes-sur-Loue – La Chapelle-sur-Furieuse – Salins-les-Bains

mittel

24 km

5 1/2 Std.

↑97 m
↓97 m

Ausgangspunkt: Saline Royale in Arc-et-Senans (237 m).
Endpunkt: Salins-les-Bains (334 m).
Wanderkarte: IGN-Karte 1:50 000, Blatt 2-Zone Est Jura oder 1:25 000, Blatt 3325 OT sowie 3324 ET.
Markierung: Weiße Hinweisschilder.
Verkehrsanbindung: Arc-et-Senans liegt südlich von Besançon an der Zuglinie Paris-Dole-Pontarlier. Zur Rückkehr an den Ausgangspunkt Bus von Salins-les-Bains bis zum Bahnhof Mouchard, von dort per Zug.
Einkehr/Unterkunft: In den Ortschaften längs des Weges. Der besondere Tipp: Château de Germigney.
Tourist-Info: Office de Tourisme, Place des Salines, F-39110 Salins-les-Bains, Tel. 03/84 73 01 34, Fax 84 37 92 85.

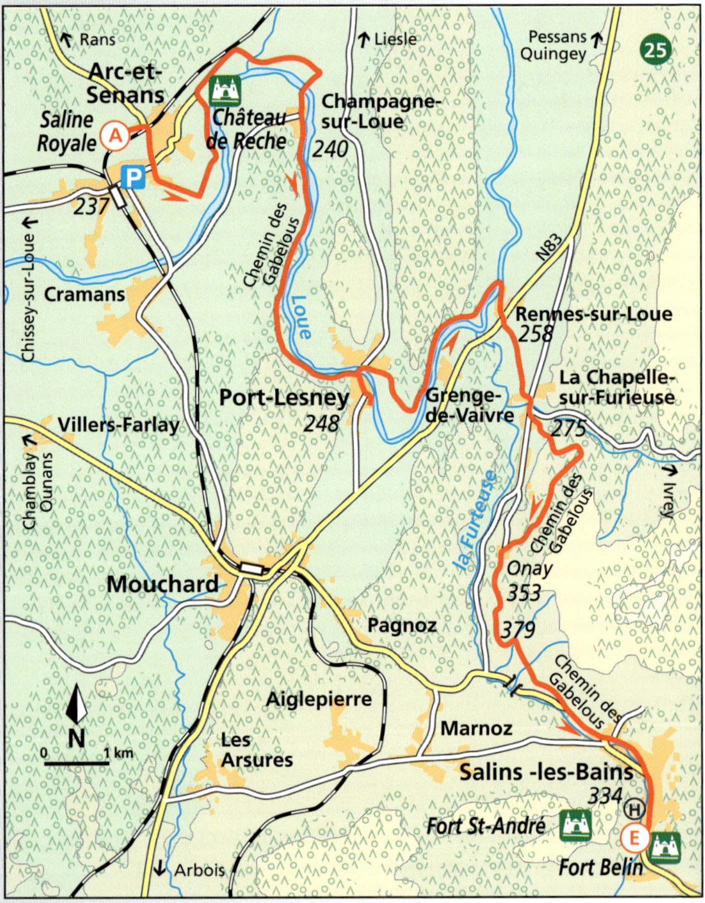

26 Cirque du Fer à Cheval

Etappen: Les Planches – Cirque du Fer à Cheval – Roche du Feu – Mesnay – Les Planches

mittel

13 km

3:40 Std.

↑ 258 m
↓ 258 m

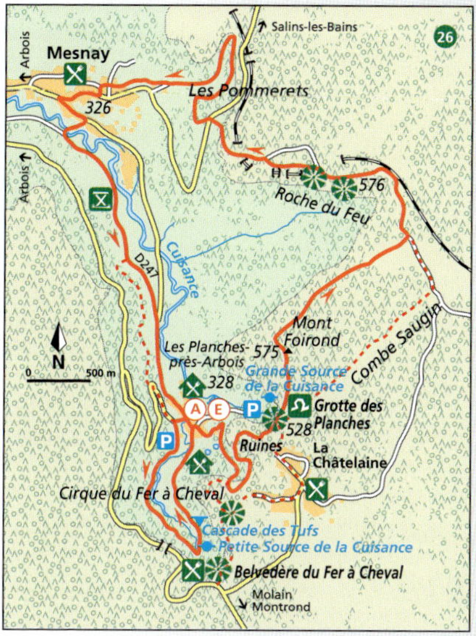

Ausgangs-/Endpunkt: Les Planches-près-Arbois (328 m).
Wanderkarte: IGN-Karte 1:25 000, Blatt 3325 Arbois/Salins-les-Bains.
Markierung: Gelb-blau, weiß-rot, Hinweisschilder.
Verkehrsanbindung: Les Planches liegt an der D 247 im Talschluss der Cuisance, 4,6 km von Arbois (Zugverbindung mit Dole).
Einkehr: Restaurant Fer à Cheval am gleichnamigen Aussichtspunkt; Restaurant Château d'Arbois in Châtelaine; sowie in Mesnay und Les Planches.
Unterkunft: Hôtel Moulin de la Mère Michelle**** in Les Planches, Tel. 03/ 84 66 08 17, Fax 03/84 37 49 69, Internet www.chateauxhotels.com/meremichelle
Tourist-Info: Office de Tourisme, Hôtel de Ville, F-39600 Arbois, Tel. 03/84 66 55 50, Fax 84 66 25 50, E-Mail otsi@arbois.com, Internet www.arbois.com

27 Château-Chalon

Etappen: Voiteur – Château-Chalon – Creux de Beaumont – Ménétru-le-Vignoble – Voiteur

leicht

9 km

2 ½ Std.

↑ 245 m
↓ 245 m

ja

Ausgangs-/Endpunkt: Voiteur (255 m).
Wanderkarte: IGN-Karte 1:25.000, Blatt 3226ET Lons-le-Saunier/Poligny.
Markierung: Weiß-rot, Hinweisschilder.
Verkehrsanbindung: Voiteur liegt an der Weinstraße (D 70), 10 km nordöstlich von Lons-le-Saunier, Buslinie 24.
Einkehr: In Voiteur und Château-Chalon.
Unterkunft: Beste bed & breakfast-Adresse in einem romantischen Schloss, von Schweizern geführt: Brigitte und Michael Keller, Château Saint Martin, F-39210 Voiteur, Tel./Fax 03/84 44 91 87.
Tourist-Info: Point Info Tourisme, Place de la Mairie, F-39210 Voiteur, Tel. 03/ 84 44 62 47, Fax 84 44 64 86, E-Mail info@haute-seille.com, Internet www.haute-seille.com

Wandernkompakt Jura
Bruckmann

28 Baume-les-Messieurs

Etappen: Baume-les-Messieurs – Sentier Le Dard – Baume-les-Messieurs

leicht

6 km

2 1/2 Std.

↑250 m ↓250 m

ja

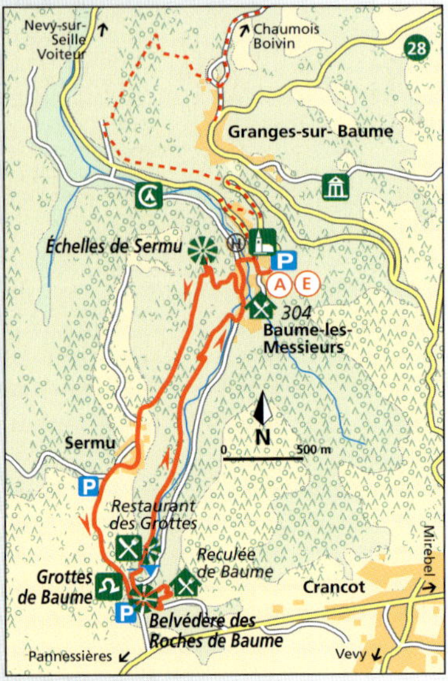

Ausgangs-/Endpunkt: Baume-les-Messieurs (304 m).
Wanderkarte: IGN-Karte 1:25 000, Blatt 3226 ET, Lons-Le-Saunier/ Poligny.
Markierung: Weiß-rot, Hinweisschilder.
Verkehrsanbindung: Baume-les-Messieurs liegt 10 km östlich von Lons-le-Saunier, Buslinie 24.
Einkehr: Drei Restaurants in Baume-les-Messieurs; Restaurant des Grottes, am Wasserfall unterhalb der Grotte, Tel. 03/84 48 23 15.
Unterkunft: Das Kloster vermietet drei Zimmer, Tel. 03/84 44 64 47. Camping 1 km vor dem Ort, Tel. 03/84 44 63 16; Hotel Le Belvédère, direkt am Aussichtspunkt auf halber Strecke, Tel. 03/84 48 22 18.
Tourist-Info: Service Accueil Tourisme, Abbaye, Tel. 03/84 44 99 28.

29 Die Fünf-Seen-Tour

Etappen: La Fromagerie – Lac de Narlay – Belvédère des 4 Lacs – Pic de l'Aigle – Lac de Bonlieu – La Fromagerie

mittel

20 km

4 1/2 Std.

↑300 m ↓300 m

Ausgangs-/Endpunkt: Hameau La Fromagerie (772 m).
Wanderkarte: IGN-Karte 1:50 000, Parc régional du Haut-Jura; IGN 1:25 000, Blatt 3326 ET Champagnole.
Markierung: Weiß-rot, gelb, gelb-blau, Hinweisschilder.
Verkehrsanbindung: La Fromagerie liegt an der D 39, 1 km von Ilay an der N 78, Anfahrt über die N 5 Dijon – Genf. Busverbindung Lons-le-Saunier – Bonlieu – Morez.
Einkehr/Unterkunft: L'Eolienne in La Fromagerie, Tel. 03/84 25 50 60 (www.eolienne.net), sympathische Atmosphäre, fantastische Küche, Botanischer Garten; Camping Sur Narlay, Le Frasnois, Tel. 03/84 25 51 36, 15.5.–15.9., direkt am See; Hôtel l'Alpage, Bonlieu, Tel. 03/84 25 57 53.
Tourist-Info: Office de Tourisme du Pays des Lacs, 36, Grande Rue, F-39130 Clairvaux-Les-Lacs, Tel. 03/84 25 27 47, Internet www.region-des-lacs-jura.com

30 Lac de Vouglans

Etappen: St-Christophe – Bois de sous Pierre – St-Christophe

leicht
8 km
2 1/2 Std.
↑ 66 m
↓ 66 m
ja

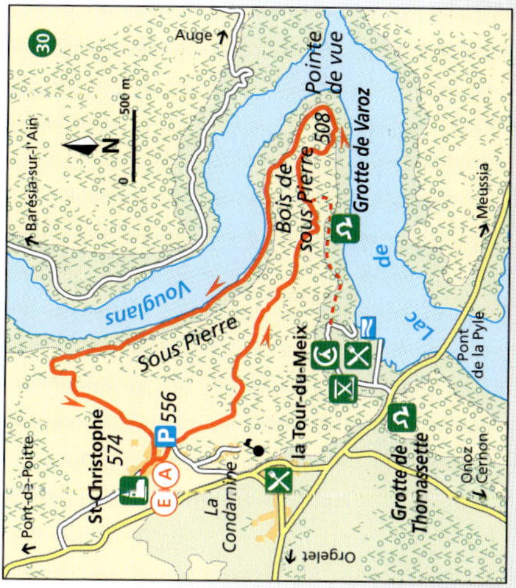

Ausgangs-/Endpunkt: St-Christophe (574 m).
Wanderkarte: IGN-Karte 1:25 000, Blatt 3327OT St-Claude/Lac de Vouglans.
Markierung: Gelbes Dreieck, roter Punkt.
Verkehrsanbindung: Anfahrt von Pont-de-Poitte auf der D 49, dann links (D 60) nach St-Christophe, 9 km.
Einkehr/Unterkunft: In Pont-de-Poitte.
Tourist-Info: Office de Tourisme du Pays des Lacs, 36, grande rue, Clairvaux-Les-Lacs, Tel. 03/84 25 27 47,
Internet www.region-des-lacs-jura.com

31 Crêt de Chalam

Etappen: Borne au Lion – Crêt de Chalam – Col des Salettes – Ferme du Berbois – Borne au Lion

anspr.
17 km
5 3/4 Std.
↑ 300 m
↓ 300 m

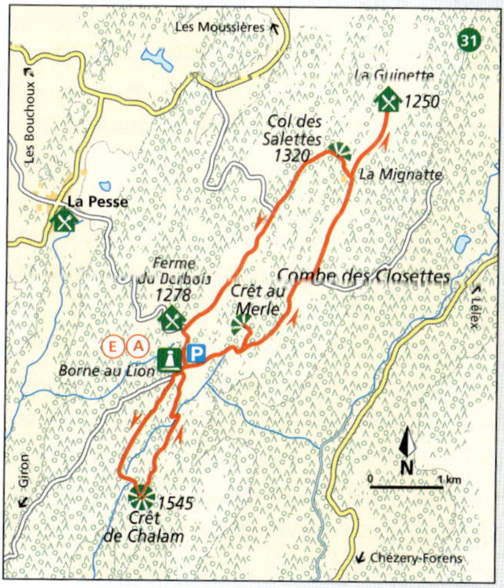

Ausgangs-/Endpunkt: Borne au Lion (1209 m).
Wanderkarte: IGN-Karte 1:50 000, Parc régional du Haut-Jura.
Markierung: Gelb, gelb-rot, weiß-rot, Hinweisschilder.
Verkehrsanbindung: Anfahrt von Genf A 40, dann A 404, Oyonnax, les Bouchoux, La Pesse oder vom Genfersee über Gex, Col de la Faucille, Lajoux, Les Moussières, La Pesse.
Einkehr/Unterkunft: Ferme du Berbois, Tel. 03/84 42 72 41, Refuge La Guinette, Tel./Fax 03/84 41 65 82.
Tourist-Info: Point Info, F-39370 La Pesse, Tel. 03/84 42 72 85.

32 Divonne-les-Bains

Etappen: Divonne-les-Bains – Mont Mussy – Mont Mourex – Divonne-les-Bains

leicht

10 km

2 1/2 Std.

↑281 m ↓281 m

ja

Ausgangs-/Endpunkt: Divonne-les-Bains (473 m), Parkplatz am Hôtel de Ville.
Wanderkarte: IGN-Karte 1:50 000, Blatt 3615, Parc naturel régional du Haut-Jura; Landeskarte der Schweiz 1:25 000, Blatt 1280 Gex.
Markierung: Gelb, Hinweisschilder.
Verkehrsanbindung: Anfahrt vom Genfersee auf der A 1, Ausfahrt Coppet, 5 km bis Divonne. Zug- und Busverbindungen mit Bellegarde/Genf/Nyon.
Einkehr: La Ferme du Mont Mussy, Tel. 04/50 20 24 52.
Unterkunft: Château de Divonne****, Tel. 04/50 20 00 32, Hôtel Beauregard*, Tel. 04/50 20 04 35, etc.
Tourist-Info: Office de Tourisme, F- 01220 Divonne-les-Bains, Tel. 04/50 20 01 22, Fax 04/50 20 32 12, E-Mail accueil@divonnelesbains.com, Internet www.divonnelesbains.com

33 Col de la Faucille

Etappen: Col de la Faucille – Grand Montrond – Petit Montrond – Col de la Faucille

leicht

7 km

2 Std.

↑300 m ↓300 m

ja

Ausgangs-/Endpunkt: Col de la Faucille (1323 m).
Wanderkarte: IGN-Karte 1:50 000, Parc naturel régional du Haut-Jura.
Markierung: Weiß-rot und gelb, Hinweisschilder.
Verkehrsanbindung: Busverbindung Bellegarde (Bahnanschluss) – Mijoux, Sesselbahn Mijoux – Col de la Faucille, 9.15–12 Uhr, 13.45–18 Uhr; Gondelbahn vom Pass auf den Petit Montrond, 9–18 Uhr, beide Juni – Sept., Tel. 04/50 41 32 90. Anfahrt vom Genfersee A1 Ausfahrt Coppet via Gex.
Einkehr: Panoramarestaurant auf dem Petit Montrond.
Unterkunft: Hôtel La Petite Chaumière, Tel. 04/50 41 30 22; Hôtel de la Couronne, Tel. 04/50 41 32 65.
Tourist-Info: Office de Tourisme du Pays de Gex, F-01174 Gex, Tel. 04/50 41 53 85, Fax 04/50 41 81 00, E-Mail ot.paysdegex@wanadoo.fr, Internet www.pays-de-gex.org

34 Crêt de la Neige

Etappen: Lélex – Crêt de la Neige – Le Reculet – Derrière Thoiry – Le Niaizet – Lélex

anspr.
14 km
4 3/4 Std.
↑292 m
↓867 m

Ausgangs-/Endpunkt: Lélex (898 m).
Wanderkarte: IGN-Karte 1:50 000, Parc régional du Haut-Jura.
Markierung: Weiß-rot und gelb, Hinweisschilder
Verkehrsanbindung: Lélex liegt im Valserine-Tal, 28 km von Bellegarde und 33 km vom Col de la Faucille. Parkplatz an der Talstation der Seilbahn. Busverbindung mit Bellegarde (Bahnanschluss), Seilbahn Lélex-Crozet, Mitte Juli – Mitte Aug., Tel. 04/50 20 90 60.
Einkehr: Bergstation/Restaurant La Catherine, nur während des Bahnbetriebs geöffnet.
Unterkunft: Refuge de la Loge (1437 m), Tel. 04/50 20 90 46, bew. von Juni – Anfang Sept., sonst Selbstverpflegung; Chalet de Curson (1600 m), Tel. 04/50 41 26 55, 06/89 39 91 72, von Juni–Okt. an Wochenenden, Juli/Aug. von Mittwochabend bis So. In Lélex: Hôtel Crêt de la Neige, Tel. 04/50 20 90 15, Hôtel Mont Jura Tel. 04/50 20 90 53.
Tourist-Info: Office de Tourisme Monts Jura, an der Seilbahn, F-01410 Lélex, Tel. 04/50 20 91 43, Fax 50 20 93 95, E-Mail otmtjura@cc.pays-de-gex.fr, Internet www.monts-jura.com.

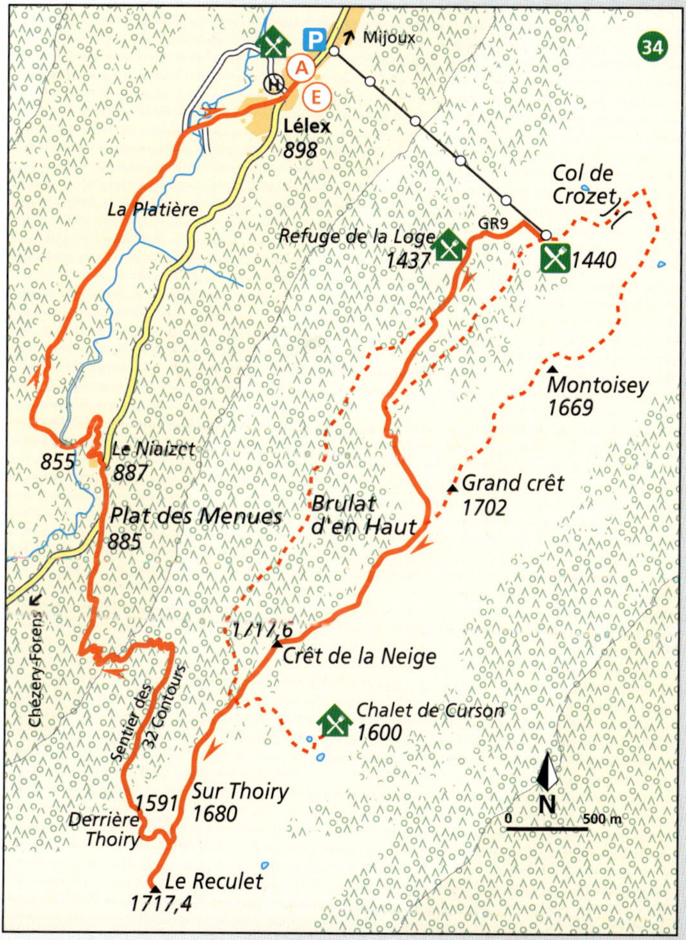

35 Farges – Crêt d'Eau

Etappen: Farges – Pré Bouillet – Chalet du Sac – Crêt de la Goutte – Chalet Bizot – Ecorans – Farges

anspr.

17 km

6 Std.

↑ 1103 m
↓ 1121 m

Ausgangs-/Endpunkt: Farges (518 m).
Wanderkarte: IGN-Karte 1:50 000, Parc naturel régional du Haut-Jura oder IGN-Karte 1:25 000, Blatt 3330, Bellegarde-sur-Valserine.
Markierung: Weiß-rot, Hinweisschilder. Nur im Auf- und Abstieg gut markiert.
Verkehrsanbindung: Farges und Collonges liegen westlich von Genf an der D 984 zwischen Gex und der Rhoneklus, sowie an der Buslinie Divonne – Bellegarde.
Unterkunft/ Einkehr: Château de Farges***, Tel. 04/50 56 71 71, Fax 50 56 71 72; Refuge Pré Bouillet, Tel. 04/50 59 63 85; Chalet du Sac, primitive Selbstversorgerhütte, immer offen.
Tourist-Info: Office de Tourisme de Collonges, F-01550 Collonges, Tel. 04/50 59 40 78, Fax 04/50 59 49 54, E-Mail ot.collon@cc-ays-de-gex.fr. Jede Sommersaison (Juli – Sept.) zieht das Büro ins 1 km entfernte Fort l'Ecluse um.